Das Buch

Ist eine kleine Sammlung von alltäglichen Begebenheiten. Von Menschen wie wir sie vielleicht selber kennen. Von Ereignissen, wie sie immer und überall vorkommen können. Nun aber gerade nicht bei uns selbst, denn jeder von uns steht über den Dingen, aber es gibt sie. Erzählt sind sie, wie sie halt passiert sind. Da ist nichts verschönert oder übertrieben. Na ja, vielleicht ein ganz klein wenig. Vielleicht erkennt sich aber der eine oder andere wieder, dann wären diese Ähnlichkeiten nun wirklich r e i n zufällig.

Ich wünsche jedenfalls etwas Zeit zum lesen und ein paar nette Stunden.

Der Autor

Klaus F. ist jetzt 52 Jahre jung. Er ist alleinerziehender Vater von einem vierzehn jährigen Jungen. An seiner Seite hat er die beste Lebensgefährtin, die er sich vorstellen kann. Viele Jahre hat es gedauert, bis Klaus F. endlich etwas vom BoD erfahren hat und so konnten seine in nächtelanger Arbeit entstandenen Geschichten endlich gedruckt werden. Z.Zt. arbeitet Klaus F. bei einem Sicherheitsunternehmen in Süddeutschland und schlägt sich hin und wieder ganze Nächte im Dienst um die Ohren

Mai 2001

Klaus F.

Umschlaggestaltung und Layout: Klaus F.

Karlsruhe

Herstellung: Books on Demand GmbH

Printed in Germany   ISBN 3-8311-2205-9

Damit man alles wiederfindet:

Hallo Ihr zwei Fans und alle, die es noch werden wollen!

Da ich nun zu Weihnachten zwei Exemplare meines Erstlingswerkes nach dreistündiger Überredung endlich losgeworden bin, möchte ich all meinen Enthusiasmus zusammenraffen und meine Nach- und Umwelt mit einem neuen Machwerk meiner geistigen Entgleisungen schocken. Eines der beiden ersten Textwerke habe ich meiner achtzigjährigen Oma aufgeschwatzt, als sie gerade wieder einmal krampfhaft ihre wichtige Sehhilfe in der ganzen Wohnung suchte, und das zweite literarische Folterstück meinem besten Freund überreicht, welcher mir dann nach fast zehn Jahren Superfreundschaft telefonisch die selbige gekündigt hat.

Na ja, man kann eben im Leben nicht alles haben, und meine Oma lebt Gott sei dank auch immer noch, denn immer, wenn sie in meinem Buch lesen will, sucht sie gerade stundenlang ihre dafür wichtige Brille.

Lange habe ich gezögert, mein Laptop wieder mit meinem Schwachsinn zu füttern. Nächtelang haben mich Alpträume beschlichen und mir Sauna-mäßige Feuchtigkeit unter der Bettdecke beschert. Den Sylvesterkarpfen wollte ich auch nicht zwischen meine von Karies geplagten Zähne schieben (er schwimmt wieder in Vater Rhein), aber nun hat es mich wieder gepackt. Mein verwirrtes Gehirn quillt förmlich über von nervtötenden Texten und Geschreibe, das die Welt nicht braucht. Doch die zwei abgedruckten Exemplare meines ersten Machwerkes haben meine Genialität bestätigt, und ich werde weiterhin versuchen, mit meinen Babyschuhen in die ausgetretenen Fußspuren von Goethe, Schiller und Johann Sebastian Bach zu stapfen.

Also, liebe Gemeinde: Kopf hoch, denn da müsst Ihr durch. Mich gibt es tatsächlich und für Euch leider immer noch.

Kinderwahnsinn, oder warum hat noch keiner den Erreger gefunden?

Warum hackt bloß alle Welt auf den armen Rinderviechern herum, wo die doch für alles gar nichts so richtig können?! Die gefleckten Supermilchbeutel merken doch noch nicht einmal beim Wiederkäuen, dass etwas mit ihrem Futter nicht stimmt und spucken es dann ganz einfach wieder aus. Da will mir doch keiner weismachen, dass diese Tiere ein richtiges Gehirn haben sollen, in dem dann eine seltsame Krankheit gespeichert wird. Aber die schlauen Wissenschaftler und Politiker haben ja sicherlich ein solches und wissen damit bloß nicht umzugehen.

Ich möchte als fünffacher Vater aber endlich mal stellvertretend für alle Leidensgenossen auf etwas ganz anderes aufmerksam machen, was die Menschheit in verschiedenen Versionen schon seit deren Entstehung plagt. Nun will ich mit diesem Geschreibe von fünf Sprösslingen nicht unbedingt auf meine ausgereifte Potenz hinweisen, aber es hat schon eine Menge Arbeit und Mühe gekostet. Ich möchte hiermit auf den sogenannten „Kinderwahnsinn" aufmerksam machen und auf dessen makabre Auswirkungen für uns Erwachsenen.

Wie schon von mir erwähnt, gibt es diese verheerende Krankheit schon eine unendliche Zeit auf diesem Planeten, welches ich leider nicht wissenschaftlich belegen kann, da ich niemals in meinem bisherigen Erdendasein eine Universität von innen betrachten konnte. Aber ich habe sie erlebt, und ich weiß, jedes menschliche Wesen, welches in geistiger Umnachtung nicht an die möglichen Folgen seiner Fleischeslust dachte, hat ihn auch erlebt!

Nun waren unsere Vorfahren noch viel schlechter dran als wir hochaufgeklärten und vielseitig mit Samen-zur-Eizelle-gelangen-Verhütungsmittel ausgerüsteten High-Tech-Freaks. In der Keulen schwingenden, sogenannten Steinzeit (heute gibt es doch viel mehr Steine als damals) ballerte man einfach

drauflos, und Gott sei dank war schon damals nicht jeder Schuss ein Treffer, denn sonst wäre ja schon damals die gute Mutter Erde total überbevölkert gewesen. Latex und ähnlicher Verhütungskram wurde ja erst viel später irgendwo auf dieser Welt er- und gefunden. Auch verfügten diese Bärenfellträger damals noch nicht über heute überall herumliegende Stromkabel und konnten somit die notwendige Elektrizität nicht zu ihren dunklen Bärenhöhlen transportieren, um diese hell erleuchten zu können. Da es somit die meiste Zeit in diesen Höhlen dunkel wie in einem Katzenar...... war, konnten sich unsere unwissenden Vorfahren auch nie richtig sicher sein, in ihrem tierischen Trieb das richtige Gegenstück erwischt zu haben. Damit war dieser Mangel an technischem Fortschritt in irgendeiner Form ein akzeptables Verhütungsmittel. Somit wurde auf natürliche Weise der Kinderwahnsinn zwar unbewusst, aber sicher eingedämmt. Genauso gab es auf Grund der unerforschten Innenraumbeleuchtung somit eine Unmenge an bisexuellen Homosapiens, obwohl auch das Wort bisexuell erst viel viel später in den dicken Lexika auftauchte. Ich glaube, den Mammutfressern war es damals bestimmt auch schnurzegal, wohin sie ihre Fleischeslust versenkten. Deshalb konnten unsere Steinzeitvorfahren es treiben, wie sie wollten - ohne in der Bildzeitung auf der ersten Seite zu erscheinen.
Aber ich muss es wieder erwähnen: es gab ihn schon damals – den Kinderwahnsinn.
Er befand sich damals noch, wie auch unsere Vorfahren, in einer sehr unterentwickelten Form und unsere Ur, Ur, Ur, Ur, ... Großeltern störten sich auch nicht weiter daran. Wahrscheinlich weil sie, wie schon erwähnt, genauso unterentwickelt waren, wie diese Geisel der Menschheit. Kinderwahnsinn hat ja verständlicherweise mit Kindern zu tun, und Kinder gab es ja bekanntlich in irgendeiner Form zu jeder Zeit der Menschengeschichte, so also nachvollziehbar dieser Kinderwahnsinn.
Nun kann ich diesen Wahnsinn aus eigner Erfahrung und für alle gut nachvollziehbar nur in der heutigen, hochentwickelten Form persönlich darstellen, aber es ist mir nach unvorstellbar

harten und aufwendigen Nachforschungen gelungen, Höhlenzeichnungen zu entschlüsseln, erste Aufzeichnungen in uralten Büchern zu finden und nach jahrelanger Beschäftigung mit diesem Thema selbst in einem wunderschönen runden und an den Wänden gut gepolsterten Zimmer zu wohnen. Das kleine Fenster in diesem staatlich finanzierten Appartement ist stabil vergittert, was mir eine gewisse Sicherheit verschafft, hier nie wieder heraus zu kommen.

Dienstags ist immer Besuchstag!

Nach gründlichem Studium habe ich nun folgende Erkenntnisse aus den finsteren Höhlen unserer Vorfahren ans Licht des Tages gebracht. Abhängig von den äußeren Umständen zeigt sich dieser Kinderwahnsinn, wie oben schon erwähnt, unter-, ent- und hochentwickelt. Zur Zeit unserer Mammutsteak verspeisenden Höhlenbesitzern zeigte sich die Krankheit in Form von recht harmlosen Ausartungen. So verfügten zum Beispiel die von dieser Krankheit befallenen Kleinsthöllenwesen über ein überdimensioniertes Stimmorgan, um überall und immer auf sich aufmerksam machen zu können. Wenn dann den drei- bis fünfjährigen männlichen Fellträgern die Benutzung der väterlichen Kampfkeulen zum Verprügeln der leiblichen Mütter energisch verweigert wurde, bekamen die unverstandenen kleinen Bälger sofort einen Kinderwahnsinnsanfall und die grellen Wutstimmchen verscheuchten alle lebenden Fleischvorräte im Umkreis von mehreren Steinzeitkilometern. Aber auch die minderjährigen Weibchen hatten so ihre Krankheitsanzeichen. So war ihr überentwickeltes Stimmorgan weithin zu hören, wenn sie nicht sofort den Knochenkamm von der Steinzeitmama bekamen, um sich für ihren auserwählten Keulenknaben aufpeppen zu können. Wie schon oben von mir erwähnt, war in dieser Höhlenzeit der Kinderwahnsinn noch recht unterentwickelt. Außer dem überdimensen Schreiorgan zeigte sich die schon damals weit verbreitete Krankheit nur noch im Zerkratzen der gepflegten Gesichtshaut der Mütter, im erniedrigendem Anspucken der kampfgeschulten Vätern und im Urinieren auf die elterlichen Schlaffelle. Die erwachsenen Vorfahren konnten also nach einiger Gewöhnungszeit und nach vereinzelten Nervenzusammenbrüchen gut damit leben.

Aber es war zu dieser Zeit ja alles noch recht unterentwickelt, was ja verschiedene wissenschaftliche Untersuchungen belegen und so natürlich auch diese unbesiegbare Krankheit. Die Steinzeitvorfahren entwickelten sich aber dann bekanntlich doch noch etwas weiter, sonst gäbe es sie ja heute noch (sollten da einige übrig geblieben sein?!). So kamen dann die Eisenzeitmenschen, die Bronzezeitler und irgendwann im Laufe der Erdgeschichte, glaube ich, wurde die menschliche Rasse dann zivilisiert. Was auch immer das bedeuten mag, wir sind es heute jedenfalls. So zumindest wird es uns immer wieder von allen Ecken und Medien mitgeteilt. Aber etwas hat Tausende von Jahren überlebt und sich wie auch unsere Rasse weiterentwickelt.

Der von mir ausgiebig erforschte und schon mehrfach erwähnte:

K i n d e r w a h n s i n n

Da diese Krankheit bisher von keinem Viren- und Genfachmann überhaupt zur Kenntnis genommen wurde, und die Nebenwirkungen dieses Kinderwahnsinns (vorzeitiger Haarausfall, faltige Oberhaut, Raucher, Alkoholiker und übervolle Wartezimmer bei den Nervendoktoren) bei den unwissenden Eltern der Krankheitserzeuger bisher immer noch völlig ignoriert werden, muss ich mich nun opfern. Ja, opfern. Ich weiß, von was ich schreibe, und nach dieser Offenbarung werden sich alle meine Nachkommen voller Ekel von mir lossagen und ihren väterlichen Erzeuger verleugnen.

Ich habe, wie ganz oben schon einmal vorsichtig angedeutet, fünfmal (in Zahlen 5) diese Krankheitserzeugung persönlich erlebt und in verschiedenen Varianten. Da meine Nachkömmlinge in einem Zeitraum von ca. zwanzig Jahren das grelle Discolicht dieser modernen Welt erblickten, kann ich mit Fug und Recht von guten Erkenntnissen in der Entwicklung des Kinderwahnsinns reden. Wie auch der technische Fortschritt der Menschheit immer kürzere

Entwicklungszeiten benötigt, so geht es auch bei dem sehr anpassungsfähigen Kinderwahnsinn. Wie noch vor Hunderten von Jahren sich die Erdbewohner mit viereckigen Steinrädern vorwärts zu bewegen versuchten und heute auf 180-ziger Breitgürtelreifen über sechsspurige Autobahnen zischen, so hat sich das Krankheitsbild des Kinderwahnsinns auch rasant verändert. So haben meine ganz persönlichen Erfahrungen bestätigt, dass diese weit verbreitete Krankheit sich proportional mit dem technischen Stand entwickelt. Nun aber zu meinen differenzierten Analysen aus ganz persönlicher Erfahrung und einem kleinen Hinweis auf meinen oben schon einmal erwähnten staatlich geförderten Wohnsitz mit wöchentlicher Besuchszeit.

Die ersten persönlichen Erfahrungen mit dem Kinderwahnsinn machte ich mit zwei kurz aufeinander zusammengebastelten weiblichen Erdenbürgern. Die Erstgeborene zeigte sich einige Zeit als völlig gesund, bis dann eindeutige Hinweise auf die Krankheit immer lautstarker zum Tages- und Nachtlicht traten. Ich beobachtete das kleine Weibchen sehr respektvoll aus einem Sicherheitsabstand und konnte ein weiteres Phänomen der Krankheitsentstehung feststellen. Der Kinderwahnsinn wurde von den weiblichen Erzeugern der Nachkommen der Menschheit ständig begünstig und gefördert. Schon der kleinste Laut aus den Minikehlen erzeugte bei meinem Frauchen einen seltsamen, wahrscheinlich angeborenen Reflex. Das kleine Schreimobil musste etwas haben, z.B. Hunger, volle Windeln, das falsche Fernsehprogramm oder zu wenig Zimmerbeleuchtung. Während ich mich immer geschickt distanzierte, wurde das kleine Schreibündel von Mami jedesmal stundenlang herumgetragen, gefüttert, gewickelt, geknutscht und jeder noch so sinnlose Wunsch von den kleinen, seltsam funkelnden Augen abgelesen. Auch meine zurückhaltenden Hinweise auf meine bereits abgeschlossenen Forschungsarbeiten machten auf die leibliche Mutter keinen Eindruck, im Gegenteil wurde ich als Rabenvater, lieblos und völlig unwissend hingestellt. So unverstanden zog ich mich diskret in die nächste Sofaecke

zurück und beobachtete die unaufhaltsame Krankheit als Gastdozent.
Sie entwickelte sich, wie schon seit Tausenden von Jahren, und ich konnte es nun endlich am eigenem väterlichen Leib spüren. Der kleine weibliche Kinderkörper wuchs. Es wuchs das kleine Gehirn, und es wuchs der Kinderwahnsinn. Unbemerkt von seiner unwissenden Umwelt und dank übernatürlicher Mutterliebe. Die Erkenntnis ist mir sehr bald gekommen – die wahrscheinlich in den Genen verankerte Verknüpfung zwischen Kind und Mutter fördert entscheidend das Krankheitsbild des Kinderwahnsinns. So konnte ich eines Tages, als ich bedingt durch den immer noch arbeitsfreien Sonntag wieder mal längere Zeit am heimischen Herd anwesend sein musste, beobachten, wie die kleine Schreimaschine in zwei Stunden ihre Krankheitsförderin fast zur Verzweiflung brachte. Die kleine Lady war gerade mal ein Jahr auf dieser Erde, saß noch etwas wackelig in ihrem Laufstall auf einer Decke und warf in regelmäßigen Abständen eines der zwanzig Babyspielzeuge durch die Gitter nach draußen. Es folgte ein ohrenbetäubender Schrei und Mutti gab das Teil dem Kindchen zurück. Es folgte wieder der Hinauswurf, der Schrei und die Rückgabe. Ganz von Weitem und seltsam still beobachtete ich diese Erscheinung und konnte dann bei genauerer Beobachtung feststellen, dass immer kurz vor dem schon recht gut entwickelten Schrei ein seltsames Lächeln über dem kleinen noch ungeschminkten Mädchenmund erschien. Mir wurde klar, das kleine Gehirn in dem fast noch kahlen Köpfchen war schon weiter entwickelt, als es nach außen hin schien und dieser Umstand wurde geschickt von dem liebenswürdigen Kleinstkind verborgen. Eine neue Erkenntnis strömte damals durch meine Gehirnwindungen. Eine Erkenntnis, die ich nun unbedingt allen zukünftigen Nachwuchserzeugern mit auf ihren Leidensweg geben muss. Der Kinderwahnsinn steckt nicht, wie anfangs von mir vermutet, in den kleinen Nachwuchsschreiern, sondern wird von diesen erzeugt. Wir erwachsen erscheinenden Erdenbürger sind die Betroffenen. Wir werden unbemerkt und zielsicher in diesen

Kinderwahnsinn getrieben. Das macht mir meinen zwangsweise angeordneten Aufenthalt für unbestimmte Zeit in der phychatrischen Abteilung des städtischen Krankenhauses nun auch etwas klarer.

Mit dieser neuen Erkenntnis sah ich meine süßen kleinen Nachkömmlinge nun mit ganz anderen Augen. Das Bewusstsein schärft die Sinne, und das sollte mich zumindestens einige Jahre und einige Kinderchen ohne merkenswerte Kinderwahnsinnserscheinungen überleben lassen. Nun aber bin ich nur noch mit einem einzigen Sohn behaftet, denn die anderen vier seiner Leidensgenossen sind nun auch endlich erwachsen und gehen den Leidensweg aller Kindererzeuger.

Es gibt nun nur noch diesen einen Krankheitserzeuger, aber der hat es faustdick hinter seinen etwas abstehenden Ohren. Wie schon oben angedeutet, entwickelt sich nach meinen privaten Forschungen der Kinderwahnsinnserreger proportional zum Stand der Technik und des Wohlstandes. Es geht uns nicht schlecht und die Computer stehen auch schon überall bei Aldi usw. massenhaft herum. Das heißt, es sind ideale Voraussetzungen für die schlimmsten Auswüchse des Kinderwahnsinns. Wenn zur Zeit meiner ersten Tochter noch ein Spielzeugherauswerfen den Wahnsinn gefördert hat, so sind das heute ganz andere Geschosse.

Heute hört man in fast jeder familiären Einrichtung (Wohnung) ganz andere Töne. So zum Beispiel ich, als ich gerade von meiner schweren Maloche als Pförtner heimkam: „Papa, der Paul in meiner Klasse hat jetzt einen Gigaherz-PC mit Supervoodoo und 3D-Sound."

Vor einem halben Jahr hatte der besagte Paul noch einem 500-er PC und auch sein Monitor brachte schon eine tolle 2D-Grafik. Ich habe damals meine ganzen Ersparnisse zusammengerafft und meine jugendliche Nervensäge war für einige Zeit am gleichen Gerät wie der besagte Paul ruhig gestellt. Aber was macht ein PC ohne Software? Er steht so vor sich hin und das war's schon. Also habe ich mein persönliches Taschengeld radikal gekürzt und so fiel dann

Monat für Monat das unbedingt-haben-müssende neueste Spiel für Junior ab.

Ich bemerkte leider zu spät meinen gestiegenen Nikotingenuss, meine abgeknabberten Fingernägel und das Zucken im rechten Auge. Der Giga-PC hat mir aber dann den Rest gegeben und vor allen Dingen die Hartnäckigkeit, wie mein letzter Nachwuchs mir die Notwendigkeit Tag für Tag immer wieder klar zu machen versuchte. Sie sehen, es hat mich nun auch erwischt, und ich bin in meinem staatlich finanzierten Zimmerchen in der Nervenheilanstalt auch ganz gut aufgehoben. Doch ich möchte hiermit alle anderen Menschennachwuchserzeuger nochmals ausdrücklich warnen: Der   K I N D E R W A H N S I N N   ist noch allgegenwärtig und wird immer unberechenbarer, aber die städtischen Kliniken sind schon randvoll von geschädigten Elternteilen.

Der Wissensdurst

Als stolzer Erzeuger von zwei prachtvollen und aufgeweckten Zwillingsknaben war ich aber auch der Mann, der die Axt im Wald erspart – oder so ähnlich. Ich war sozusagen ein handwerklich gut funktionierendes Vorbild. Immerhin besaß ich mittlerweile drei Schraubendreher, einen 150g–Hammer, eine leicht klemmende Beißzange, einen sogenannten Fuchsschwanz und einen nicht mehr ganz vollständigen zwei-Meter-Zollstock. Warum nun dieses Holzschneidedings gerade Fuchsschwanz hieß, wird bestimmt niemand wissenschaftlich belegen können, und das Metermass konnte man beim besten Willen nicht in irgend einer Form als Stock benutzen. Aber so ist es nun mal mit den alten Überlieferungen aus der grauen Vorzeit der Menschheit. Keiner wird je glaubhaft erklären können, warum ein Tisch gerade Tisch heißt und nicht Bett oder Lampe.

Nachdem ich nun kurz vor ihrem dritten Geburtstag, nach dem sonntäglichen Langschlaf gegen 10.30 Uhr unsere beiden Wunderknaben im Wohnzimmer mit je einem irgendwo gefundenen Schraubendreher an unserer Mahagoniimitation von Schrankwand herumkratzen sah, schrie ich vorerst einmal unser ganzes vier- stöckiges Mietshaus lautstark zusammen und erntete zwei Wochen lang schiefes Anschauen unserer lieben Nachbarn. Als ich mich dann aber nach zwei Tagen mit Hilfe meiner lieben Kindesmutter und Eheweib wieder gefangen hatte, kam mir die rettende Idee. Unsere beiden nicht ganz ähnlich aussehenden zweieiigen Zwillinge Peter und Paul sollten ihre handwerklichen Fähigkeiten nicht sogleich wieder verkümmern lassen, denn man weiß ja, wie preiswert später einmal handwerkelnde Söhne sein können. So bekamen die begabten Knaben zum dritten Geburtstag auf Grund einer der seltenen Ideen meiner holden Marie je ein von den Herstellern als völlig ungefährlich deklariertes Kinderheimwerkerset geschenkt.

Von wegen ungefährlich!

Wir mussten nach knapp zwei Monaten neue Möbelstücke für ihre gemeinsame Miniwerkstatt, welches Gott sei Dank nur das Kinderzimmer und nicht unsere kostbare oben schon erwähnte Schrankwand war, anschaffen. Die beiden fleißigen Heimwerkerazubis hatten alles holzhaltige in ihrem Zimmer angesägt, behämmert und durchbohrt. Das Makaberste aber war, kein einziger Kinderblutstropfen, wo doch ich nach dem Benutzen meines großen Hammers ständig mit einem blauen Daumen zu tun hatte. Die beiden Allwetterbastler waren da wirklich sehr begabt, und das sollte mich im zweiten Atemzug doch etwas stolz machen und mich über den Verlust der knapp 1200,- DM hinweg trösten, welche die neue Einrichtung des Kinderzimmers gekostet hatte.

Nach einer ausführlichen Unterweisung und Information über eine mögliche dreimonatige Schokoladeneissperre versprachen die beiden Minihandwerksleute, die neuen Einrichtungsgegenstände nicht mehr als Trainingsobjekte zu benutzen. Ich von meiner Seite versprach ihnen eine mittlere LKW-Ladung voll schönsten Bastelholzes in den nächsten zwei Wochen zu liefern, und so holten die beiden vorerst wieder ihre Micky Maus Hefte aus den Schubladen und ließen die Werkzeuge an dem sicheren Platz in zwei Meter Höhe auf dem Kinderzimmerkleiderschrank.

Unser liebes und wichtiges Küchenwunder und Mutti musste vor drei Wochen ganz kurzfristig zu unserer noch lieberen Großmutter fahren, da dieses ganz plötzlich ihren achtzigsten Geburtstag feiern wollte. Da ich bei der Arbeit am Samstag notwendig war, fuhr Mamilein erst einmal allein voraus und ließ aber auch gleich noch die beiden Racker zu Hause zurück. Wir drei Männer sollten dann am Sonntag hinterher kommen und somit die liebe Oma einen Tag weniger ärgern können. Wir drei hatten den Samstagvormittag dann schlecht und recht über die Runden gebracht. Ich schlecht bei der Arbeit und die beiden Jungen recht im gemeinsamen Spiel bei den beiden fast gleichaltrigen Nachbarsjungen.

Als ich gegen Mittag leicht geschafft nach Hause kam, war man gerade dabei, die Nachbarseltern mit Blaulicht und Martinshorn in die geschlossene Abteilung des städtischen

Krankenhauses zu verfrachten, und ich schaute mit zwei Tränen in den Augen (eine rechts und die andere links) in die Gucköffnungen der unschuldigen Sieger. Gegen Abend wurden die beiden Nachbarselternteile nach einer Intensivkurzbehandlung einigermaßen wieder hergestellt nach Hause geliefert, und so konnte ich glücklicherweise vor dem Tod durch ein scharfgeschliffenes Küchenindianermesser gerettet werden. Ich hatte mich ja nur an das Kind im Manne erinnert und mich zu einem altbekannten Indianer- und böser Cowboyspiel überreden lassen. Ich war natürlich der Böse und die Rothäute zu viert in der gewaltigen Überzahl. Ich wurde im Vorgarten unseres Mietshauses freiwillig an einem Marterbaum mit unserer recht stabilen Wäscheleine gefesselt. Nachdem die vier roten Weißhäute mit lautem Kriegsgeheul ihre acht Plastikmesser nach mir verworfen hatten, verschwand der rote Michael von nebenan, und gleich darauf versuchte ich mich verzweifelt aus meiner stabilen Fesselung zu befreien, denn das nun herbei geholte Plastikmesser blitzte so seltsam in der untergehenden Samstagssonne. Nachdem ich durch die vom Nervenzusammenbruch geretteten Nachbarscowboys gerettet wurde, konnte ich meine beiden Rothäute nach dem Vorlesen von drei kompletten Gebrüder Grimm Geschichten endlich kurz vor mir zum Einschlafen bewegen. Am nächsten Morgen wollten wir ja unserer lieben Vorpostenmutti zur etwas älter gewordenen Oma folgen und sollten auf Grund der mittellangen Bundesbahnfahrt recht ausgeruht sein. Ich ahnte in der seltsamer Weise traumlosen Nacht nicht, was mich am nächsten Tag alles erwarten sollte.

Nach dem unvermeidbaren Aufwachen durch den zweifachen Kinderstimmen-wecker versuchte ich mich an einem stärkendem Frühstück für drei lebenshungrige Männer. Eines hatte ich ja immer früher fast perfekt hinbekommen: Rühreier mit Schinken. Acht Eier waren noch im Kühlschrank und kurz darauf in den Mägen meiner ausgehungerten Kinder verschwunden. Mir blieben gerade einmal die letzten Krümel in der heißen Bratpfanne. So begleitete mich mein leicht knurrender Magen bis zum Ende unserer Reise zur Oma, wo ich dann meinen Heißhunger mit drei bis vier Sahnetorten stillen wollte. Aber bevor ich das erleben konnte, mussten wir aber erst einmal unser Ziel mittels öffentlicher Eisenbahn erreichen. Ich dachte, meine beiden Jungen gut zu kennen, und mir war ihr Wissensdurst aus vergangenen Zeiten wohl bekannt. So packte ich einige Kinderbücher in ihre Zwillingsrucksäckchen, in der Hoffnung, vielleicht noch ein kleines Bahnfahrtnickerchen machen zu können.

In letzter Sekunde hatten wir den richtigen Zug nach dem Besuch von drei falschen Bahnsteigen erwischt und noch gemeinsam nach Luft schnappend einen schönen Fensterplatz erwischt – da ging es schon los. Ich muss dazu erwähnen, dass es die erste Bahnfahrt für unsere Jungen war, da wir ansonsten, wie fast alle ordentlichen und umweltbewussten Mitbürger, das liebgewonnene und teuer erstandene Automobil benutzten.

Kaum setzte sich die Bundesbahn langsam aber sicher in Bewegung, hagelte es Fragen über Fragen aus zwei fast im Duett redenden Kindermäulern.

„Warum bleibt denn der Bahnhof hier und wir fahren?"

„Weil der Bahnhof hier bleiben muss, damit noch andere Kinder ihren Vätern solche Fragen stellen können."

„Warum fährt die Eisenbahn denn so schnell?"

„Weil sie sonst nicht rechtzeitig ankommt."

„Warum bleibt die andere Eisenbahn da hinten denn stehen?"

„Weil sie noch nicht fahren kann?"

„Warum?" ,kam es seltsam kurz und bündig.

„Weil sie noch warten muss."

„Warum?" ,wieder so seltsam wenig Satz.

„Weil da noch andere Leute mitfahren wollen und dann auch ganz woanders hin."

„Warum?"

Ich steckte mir aber nun erst einmal ganz gegen meine Angewohnheiten (in Autos und Zugabteilen rauche ich im Beisein meiner Kinder nie) mit leicht zittrigen Fingern eine Zigarette an und drückte sie aber gleich wieder nach einem einzigen tiefen Zug im Ascher aus.

„Warum steigen die Vatis mit ihren Söhnen in den nicht fahrenden Zug?"

„Weil der bald auch fahren wird."

„Warum?"

„Damit die lieben Söhne ihren Vätern dann die Frage „Warum?" stellen können."

„Warum?"

So ging es die ganze Bahnfahrt. Immer wieder war draußen etwas zu Erfragendes zu sehen und sogar die Ausstattung des Abteils erzeugte mindestens zwanzig Warum-Fragen. Nach knapp zwei Stunden Bahnfahrt hatte ich mindestens 2362 mal die Frage „Warum?" beantwortet und musste bei der Ankunft auf dem Zielbahnhof erst einmal von der Bahnhofsmission in Obhut genommen werden, während meine Jungen nun die liebe Mami nerven konnten, welche uns vom Bahnhof abholen gekommen war.

Den Rest des schönen Sonntags verbrachte ich dann noch unter Beobachtung in der neurologischen Abteilung des ansässigen Krankenhauses, bis mich dann gegen Abend meine liebe Frau mit zur Oma nehmen durfte. Der Facharzt hatte in den Unterlagen lediglich vermerkt: Warum - Syndrom Die für mich bestimmte Sahnetorte haben aber meine lieben wissensdurstigen und wieder hungrigen Wunderknaben dann auch noch ohne mich verputzt und ich frage mich selbst nur noch:

„Warum?"

Wischi – Waschi

Als allgemein aufgeklärter und im Besitz einer abgeschlossenen Schulbildung befindlicher Mensch fällt man ja Gott sei Dank auf die unzähligen Werbeschaltungen und tonnenweise im Briefkasten befindlichen Gewinnanschreiben überhaupt nicht mehr herein.

Diese Meinung vertrat auch immer wieder sehr überzeugend Franz-Otto und er fiel auch ganz selten herein – wirklich ganz selten, aber dann dummerweise immer besonders intensiv und gründlich. Er war nach abgeschlossener Ausbildung als Fachmann für die Versorgung der harten Weichen der Deutschen Bundesbahn mit Schmierfett endlich ein vollwertiger Mensch geworden. So schmierte er Tag und Nacht unzählige Weichen der wichtigen Transportwege der Eisenbahn auf dem Güterbahnhof.

Sogar er selbst wurde durch seine Arbeit wie geschmiert, d.h. körperlich. Denn auf Grund seiner während der Dienstzeit zu bewältigten Streckenkilometer zu Fuß und mit dem fast zwei Kilo schweren Weichfettbehälter in der linken Hand brauchte Franz-Otto kein Fitness-Zentrum nach Feierabend. Aber anschmieren ließ sich der starke Mann nie, oder besser gesagt fast nie. So lebte der beste Weichenschmierer Franz-Otto glücklich und zufrieden im Job, und auch in seiner Ehe lief alles fast wie geschmiert und nichts sollte ihn eigentlich aus seiner fast angeborenen Ruhe bringen.

Bloß sein liebes Frauchen Elfriede hatte da so einen seltsamen Tick. Sie wollte endlich auch, wie all ihre Nachbarn und Freund usw., im eigenen Automobil herumgekutscht werden, obwohl es in der Stadt doch genügend Busse und Bahnen zum herumkutschen gab. Für weiterführende Fahrten bekam Franz-Otto doch immer noch seine Freifahrten bei der Bundesbahn und so brauchte er eine ganze Weile, um sein flehendes Frauchen zu verstehen. Trotz seiner allgemein guten Ausbildung und dem kompletten Wissen über die Fußballoberliga war der Gute nun aber schon einige Male durch die theoretische Prüfung für den notwendigen

Führerschein gefallen. Immer wieder war im einiges durch seine Gehirnwindungen verloren gegangen und er war auch immer wieder unter anderem über die gleiche Frage gestolpert:

„Woran liegt es, wenn sich ihr guter, fast neuer Motor etwas festgefressen hat?" Es gab drei mögliche Antworten – die Zündkerzen sind herunter gebrannt, es fehlt etwas Schmieröl oder der Reifeninnendruck hat sich nach außen befördert. Franz-Otto hatte beständig und stur bisher immer wieder auf die erste Antwort getippt und war sich darin immer sehr sicher gewesen. Bei der nächsten Prüfung wollte der ausdauernde Fahrschüler es nun doch mal mit dem Reifendruck probieren, denn das könnte ja auch noch eine Möglichkeit sein.

Dann sollte aber etwas in seinem führerscheinlosen Leben passieren, was eine wirkliche Prüfung für den gestandenen Mann werden sollte.

Frauchen sollte ihren herangewachsenen dicken Bauch mittels Entbindung endlich wieder loswerden und musste für ein paar Tage in die dazu eingerichtete Klinik für werdende Mütter. Franz-Otto war nun mit dem schon etwas früher im Frauenbauch gelegenen und nun schon fast vierjährigen Sohn Antonio allein gelassen. Sogar die Bundesbahn hatte dafür Verständnis und stellte ihn von seiner wichtigen Arbeit einige Zeit frei. Einige Hinweise von seiner lieben Elfriede waren, wie auch die theoretische Ausbildung zum Führerschein, irgendwie durch seine Gehirnwindungen gefallen und so wurschtelte sich der ausgebildete Weichenschmierer durch die neue Aufgabe.

Mit der Versorgung der übriggebliebenen Familie mit dem täglichen Mittagessen ging es im Grossen und Ganzen, obwohl da die Auswahl mangels einer erforderlichen Ausbildung von Franz-Otto nicht besonders groß war. So wechselte der Hobbykoch im täglichen Angebot von Spiegeleier mit Bratkartoffeln, Bratkartoffeln mit Spiegeleier, Rühreier mit Bratkartoffeln, Bratkartoffeln mit Rühreier, Bratkartoffeln mit Bratwurst, Bratwurst mit Bratkartoffeln usw. Er kam somit glücklich über die eine Woche der männlichen Hauswirtschaft und konnte seiner zweiköpfigen Familie ein abwechslungsreiches Menü präsentieren. Wenn der Aufenthalt seiner werdenden Mutter noch etwas länger andauern sollte, würde das ganze Menü von hinten wieder aufgerollt werden. Da Franzi auch nach stundenlanger Suche das notwendige Geschirrspülmittel nicht finden konnte, ging das vorhandene saubere Porzellan schon am dritten Tag zur Neige. Franz versuchte dann zwangsweise eine Trockenreinigung durch Abschaben der Speisenreste vom beschmutzten Geschirr mittels verschiedener Gegenstände. Jedenfalls konnte man nach dem Belegen der Teller mit den oben beschriebenen leckeren Speisen die Reste des Vortages nun kaum noch exakt wahrnehmen.

Der vierjährige Junior wurde vom Schmierobermeister täglich sauber und adrett eingekleidet. Der Berg an leicht- und mittelverschmutzter Kinderwäsche im Badezimmer ermöglichte nach vier Tagen die Badewannenbenutzung nur noch mittels leichter Bergsteigerausrüstung. Erst als der arrangierte Vati nach knapp einer Woche in den leeren Schrank im Kinderzimmer griff, wurde ihm bewusst, dass man hin und wieder den Berg im Badezimmer unter Zuhilfenahme von etwas Wasser, der vorhandenen Waschmaschine und einem waschenden Pulver zu reinigen hatte.

Das sollte nun Franzi's ernsthaftes Problem werden, und wenn der gute Mann geahnt hätte, was ihm alles noch erwarten sollte, hätte er seinen männlichen Stolz ganz tief im Boden vergraben und im Krankenhaus bei Frauchen einige Erkundigungen eingezogen. Aber ein wenig Autorität sollte dem ausgewachsenen Oberwaschmaschinenknopfdrücker noch erhalten bleiben, und so musste er da allein durch.

Als erstes musste er sich mit dem wichtigen Waschpulver versorgen, denn er fand wie immer auch nach intensivster Suche das Geheimversteck seiner Frau nirgends im ganzen Haus. Also ab in den Supermarkt und Junior in der Spielecke abgegeben. Drei komplette Regalreihen randgefüllt mit einer Unmenge an verschiedenen Waschmitteln drohten seine Vorstellungskraft fast zu sprengen.

Da gab es Wäschereinigungspulver für 60, für 100 und für minus 15 Grad Celsius, wobei das letztere wahrscheinlich für die Großwäsche am Nordpol gedacht war. Weiterhin erstreckte sich das Angebot auf ein, zwei und sogar zehn Weißmachern, aber Franzi wollte sich ja nun wirklich nichts weismachen lassen. Es gab Pulver für Wolle, Kochwäsche, Handwäsche, Haarwäsche, Weißwäsche, Buntwäsche und sogar für schwarze Wäsche. Als es Franz-Otto dann zu bunt wurde, griff er einfach mit geschlossenen Augen ins Pulverregal und wollte dem Wäscheberg daheim nun mit dem erstandenen Waschmittel „Wischi-Waschi" mit immerhin drei Weißmachern zu Leibe rücken.

Glücklich über seinem fachmännischen Griff in die verwirrende Pulverauswahl, beschäftigte er sich zu Hause angekommen erst einmal mit der Beschriftung auf der Verpackung. Er las etwas von „weißer geht es nicht" und Vollwaschmittel. Na, Gott sei Dank – dachte der Pulverfachmann – informiert man mich doch, dass das Päckchen voll ist. Beim Begriff „weißer geht es nicht" hatte Franz dann aber doch noch einige Bedenken. Vielleicht wären nach dem Waschvorgang der rote Pulli und die blaue Jeans ganz weiß und alle Farben herausgewaschen. Aber der mutige Mann wollte es trotzdem versuchen, und er wusste ja, dass man heute sowieso nicht alles glauben konnte, was so einem aufgeschwatzt wurde. Franz erfuhr dann noch auf der Verpackung, dass das Pulverchen schaumgebremst war, dass man es für alle Waschgänge benutzen konnte und dass es sehr sparsam war.

Als der Waschpulverexperte sich dann noch einen halben Tag im Trockentraining mit dem Waschvollautomaten beschäftigt hatte, legte er seinen Hochschulabschluss für häusliche Bekleidungsreinigung ab und stürzte sich nun gut gerüstet an die unumgängliche Praxis. Nachdem er dann die Trommel mit den unterschiedlichsten Kinderbekleidungsstücken randvoll gefüllt hatte, gab er das Superwaschmittel ordnungsgemäß dazu und drückte den alles entscheidenden Startknopf des Waschwunders. Und siehe da, es wusch. Laut allgemeiner Information machte der Automat das Ganze auch ganz allein und ohne Aufsicht, da er ja ein Vollautomat von Beruf war. So konnte sich Franz-Otto sichtlich erfreut über seinen ersten selbständigen Waschgang in der folgenden automatischen Waschzeit mit seinen Bratkartoffeln mit Rührei beschäftigen. Junior hatte seinem Vater vorwitzig und etwas skeptisch über dessen starke Schulter bei der Waschmaschine zugeschaut und spielte dann im Kinderzimmer mit dem arg gequälten Gameboy.

Es war doch wirklich alles ganz einfach, wenn man es beherrschte – dachte der intelligente Mann. Dann aber brach eine Welt über ihm zusammen. Franz dachte, es tritt ihn ein ausgewachsenes Pferd, als der Junior plötzlich laut schreiend und total in Schaum gehüllt zur Küchentür herein stürzte. Nach zwei Stunden hatte er dann die vielen Tonnen ungebremsten Schaum aus dem Badezimmer, dem Flur und dem Wohnzimmer beseitigt und stand dann endlich vor dem nun nicht mehr waschenden Elektronikwunder.

Was hatte er bloß falsch gemacht? – fragte sich der nun schon selbst leicht schäumende Franz.

Er hatte doch alles genau nach der Anleitung gemacht und auch genügend Pulver hinzugegeben, denn für den einen Waschvorgang war das ganze Dreikilo-Päckchen draufgegangen.

Viel hilft viel – hatte Franzi oft schon gehört.

Das meiste der aber gut gereinigten Kinderbekleidung konnte leider nicht mehr ordnungsgemäß benutzt werden, denn einige Teile waren nun etwas zu klein geraten und konnten dann wenigstens vom zu erwartenden Nachwuchs der Familie getragen werden. Andere Stücke hatten eine seltsam scheckige Farbe angenommen und sogar der zufällig dazwischen gerutschte Lieblingsbüstenhalter seiner recht vollbusigen Elfriede konnte nur noch als Eierhütchen benutzt werden.

Jedenfalls hatte sich Franz-Otto redlich bemüht und seine Autorität nicht eingebüßt. Drei Stunden später erfuhr der mit einigen Whiskys schon leicht angeheiterte Franz, dass er Vater von einem strammen Jungen geworden war. Er freute sich auf seinen neuen Sohn, auf seine liebe Fachfrau für

Hauswirtschaft und auf seinen Job als Weichenschmierer bei der Bundesbahn.

Katzenjammer

Es gibt schon seltsame Lebewesen auf unserem Planeten Erde und wahrscheinlich auch noch irgendwo anders in dem riesigen Universum. Wie es auf all den Lichtjahre entfernten Kugeln aussieht, weiß man bis heute nicht so richtig. Entweder stürzt eine Marssonde unkontrolliert auf den Planeten Merkur, weil sie den Weg nicht mehr genau weiß, oder ein Fernsteuerauto fällt auf dem roten Planeten in ein zwanzig Zentimeter tiefes Marslöchlein. Wer weiß? Wer weiß? Vielleicht spielen jetzt unentdeckte Marsianerkinder mit dem einige Millionen Dollar teuren Kinderspielzeug und freuen sich über das tolle Geburtstagsgeschenk von der Mutter Erde. Aber auch auf unserem schon recht stark von der menschlichen Rasse überbevölkerten Planeten gibt es bestimmt unter irgendeinen Baum, in irgendeiner dunklen Höhle oder in einem unerforschten Tümpel noch nicht benanntes Leben. Davon bin ich als Hobbytierforscher felsenfest überzeugt.

Die meisten entlarvten und benannten Lebewesen kenne ich auch nur aus Kinderbüchern, aus den überall vorhandenen zoologischen Gärten oder aus irgend einem der unzähligen Gruselfilme. So bin ich dank meiner hohen Stirn und der dahinter verborgenen Allgemeinbildung in der Lage, eine hiesige Waldameise von einem Rüssel tragenden Dickhäuter zu unterscheiden. Aber einen sogenannten Saurier, wie ich ihn beim letzten Kinobesuch mit meinem mir anvertrauten Sohn gesehen habe, ist mir noch nie über meinen Weg gelaufen. Ich hätte dieses gewaltige Tier bestimmt nicht übersehen können, denn solche Exemplare könnten doch glatt mal kurz bei uns im dritten Stock am Fenster vorbei schauen.
Aber es gibt da eine ganz besondere Gattung von Tierchen, die sogenannten Haustiere. Was nun zu dieser Gattung konkret dazu gehört, da kann man sich heute ganz bestimmt streiten. Denn Haustiere gehören ja in die menschlichen Behausungen und wo im Altertum gerade mal Hund und

Katze dazu gehörten, so gibt es heute fast keine Tierrasse, von denen nicht irgendwo ein Exemplar in einem Haus oder einer Wohnung sein Dasein schmachtet. Vielleicht hält sogar irgendein Fan solch einen recht seltenen Dinosaurier im Schlafzimmer versteckt, wer soll das schon nachvollziehen.

Aber auch ich hatte in meinem nun schon recht langen Erdaufenthalt mit solchen Haustieren persönlich zu tun und habe von Kindesbeinen meine eigenen Erfahrungen damit machen können.

Als erstes beschäftigte ich mich im Kindesalter von knapp drei Jahren mit Spinnen und unzähligem anderen herumkrabbelnden Getier. Durch Ausrupfen der an ihnen angebrachten Beinchen versuchte ich herauszufinden, welche von denen nun fliegen konnten und welche nicht. Die Beinchen waren ja zum Fliegen bestimmt nicht unbedingt notwendig, höchstens zum Landen. Leider war ich zur damaligen Zeit noch immer nicht in die notwendige Schule geschickt worden und somit dem erforderlichen Beherrschen der deutschen Sprache mittels Schrift immer noch recht unkundig. Dadurch war ich auch nicht in der Lage, der Nachwelt wichtige   Forschungsergebnisse zu hinterlassen, was die Fluguntersuchungen der Krabbeltiere anbetrifft.

Dann bekam ich eines Tages, irgendwann zwischen dem fünften und sechsten Lebensalter, einen Glasbehälter mit etwas Holzwolle darin von Paul geschenkt. Paul war damals mein bester Freund im Kindergarten, leider ist er es heute nicht mehr. Die Holzwolle wäre ja noch gegangen, denn die lag ganz ruhig und abwartend in dem Glasbehälter, aber etwas bewegte sich dazwischen. Es waren zwei weiße Mäuslein, und diese schauten mich auch gleich mit ihren roten Augen recht hungrig an. Da ich aber meine Erfahrungen mit dem Beine ausreißen gemacht hatte, ließ ich selbige an den weißen Mäuschen. Hätte ich sie nur vorsichtig entfernt, da wäre mir einiges erspart geblieben. Erstens waren diese beiden Rassemäuse zufällig Mann und Frau, was ich mit meiner unaufgeklärten Kindlichkeit überhaupt nicht hatte feststellen, und wenn ich Bescheid gewusst hätte, nur unter einem Elektronenmikroskop erkennen können. So wurden binnen kürzester Zeit aus den zwei besonders geilen Tieren immerhin zwölf an der Zahl. Als diese dann in einem Gruppenausflug auch noch Vater und Mutter bis ins Mark erschreckt und denen fast graue Haare verschafft hatten, bekam ich absolutes Mausverbot und drei Wochen Stubenarrest. Das habe ich den weißen Fellknäulen bis heute nicht so ganz verziehen. Einige Monate später füllte ich den vom Vater gut im Keller versteckten Mauseglasbehälter mit etwas Kies und Wasser und somit konnte mein erster Stichling aus dem Bach hinter unserem Haus eine neue Heimat finden.

Ob dieser muntere Geselle sich nun vor lauter Einsamkeit mit einer Überdosis Wasserschlucken das Leben genommen hat oder ihn das freundliche Gesicht meiner Mutter, als sie ihn unter meinem Bett entdeckte, zu Tode erschreckt hat, werde ich wohl niemals allumfassend erfahren. Ich hoffe immer noch, dass er nicht all zu arg gelitten hat. Er hatte ein sehr kurzes Leben und ich meine erste Tierbeerdigung auf dem Spielplatz. Dann folgte für mich eine längere haustierlose Lebenszeit, bis ich dann mit zehn Jährchen doch etwas klüger und reifer an die Sache ging. Ich hatte lange mein mir gesetzlich zustehendes Taschengeld zusammengespart und war dann wieder auf meine Erfahrungen mit dem Stichling gestoßen. Jetzt ging ich es aber etwas professioneller an und in ein Fachgeschäft für Wasser- und Landhaustiere. Das viele Geld reichte dann aber doch nur für ein Anfängeraquarium und zwei Guppys. Diese Fischchen waren nach Aussage des kleinen, klatzköpfigen Verkäufers allemal recht anspruchslos und leicht zu halten, obwohl ich diese Tiere lieber in ihrem Element belassen wollte, als sie in der Hand herum zu tragen. Der gute Mann schwatzte mir für das restliche Kleingeld noch eine wichtige Aquariumsheizung, drei Wasserpflanzen, einen Futterring, ein Thermometer, einen Scheibenkratzer und zwei Pfund bestes Fischfutter auf. Das wäre nun wirklich nur die notwendigste Grundausstattung.

Nun, so gut und schön. Meine lieben, von mir nur mittelmäßig geplagten Eltern überzeugte ich mit der ganzen Fischausrüstung unter meinem schwachen Kinderarm von der unbedingten Notwendigkeit dieses Hobbys, wobei nach fast zwei Stunden den beiden Guppys in ihrem Transportglas schon die ersten Tränen in ihre glasigen Fischaugen traten. Das musste dann wahrscheinlich auch meine Mutti mitbekommen haben und so sollte ich nun offiziell meine ersten richtigen Guppyerfahrungen machen dürfen. Jeden Morgen vor der Schule sah ich in vier hungrige Fischaugen und versorgte pflichtbewusst die Unterwassertiere mit notwendiger Nahrung. Dann muss aber doch irgend etwas schief gegangen sein. Eines Morgens war das Aquariumthermometer zerplatzt und beide Fischlein befanden sich gut gargekocht an der Wasseroberfläche. Vielleicht war der Strom in der Steckdose nur mal etwas stärker geworden oder eines der Tierchen hat etwas verstellt, weil es ihm zu kalt gewesen ist. Die Wasserpflanzen hatten es aber gut überstanden. Wenn die Tierchen nicht so winzig gewesen wären, hätte Mutter wenigstens noch eine gute Mahlzeit davon machen können. So aber verschwanden sie durch meines Vaters Hand und durchs Klobecken irgendwohin. Nach diesem Todesfall in der Familie wollte ich nun wirklich keine Tiere mehr quälen oder kochen. So beschäftigte ich mich nach der Guppyerfahrung nur noch mit Mädchen aus der Nachbarschaft und der Schule und einigen guten Freunden, denn da konnte so etwas bestimmt nicht passieren.

So kam ich dann die nächsten dreißig Jahre haustierlos und ohne schlechtes Gewissen irgend eines von mir verschuldeten Haustierablebens gut über die Runden. Ich beschäftigte mich mit dem Studium von diversen Ehefrauen und deren Nachwuchs und lernte nach und nach mit ihnen einigermaßen gut umzugehen. Meine nächste Bekanntschaft mit der Kategorie Haustier machte ich durch meine letzten beiden männlichen Nachkömmlinge. Wie fast alle Mütter von solchen Knaben es immer nur gut mit ihnen zu meinen scheinen, so wurde den beiden fünf- und achtjährigen Kinderchen ein lang gehegter Kinderwunsch erfüllt. Nach sechs Stunden, einigem in Bruch gegangenen Wohnungsinventar und zwei Kilo persönlich verlorenem Körpergewicht hatte ich die beiden frisch gekauften Wellensittiche eingefangen und in ihr zugestandenes Zuhause eingesperrt. In diesem Drahtgehäuse hockten die beiden gefiederten Familienmitglieder ab und zu laut zwitschernd und Körner verstreuend einige Monate, kamen in die Mauser und flogen dann eines Tages durch offen gelassene Kinderzimmerfenster in eine für sie unbekannte Welt hinaus. Vielleicht hocken die beiden jetzt irgendwo im sonnigen Süden und wärmen ihr blaues Gefieder in der Sonne. Die Vögelei hatte ihr Ende und zwei süße Meerschweinchen sollten folgen. Woher meine beiden Buben diese Tierliebe hatten, ich weiß es bis heute nicht. Rein zufällig und ungewollt waren diese beiden Wollknäule auch noch Weibchen und Männchen. Da solche Tierchen beim Unvermeidbaren nun dummerweise nicht verhüteten, hatten wir bald vier weitere dieser süßen Exemplare in der Wohnung herumlaufen und emsig seltsame kleine Murmelchen verteilen. Drei von dem Nachwuchs konnten meine Söhne mit einiger Überredung an andere tierliebende Mitschüler loswerden, und ich erntete nur böse Blicke beim nächsten Elternabend in der Schule.

Dann aber senkten sich die Trauerfahnen über unsere kleine Familie. Nicht etwa, dass irgend ein unbekannter Verwandter altershalber von uns gegangen war, es war viel schlimmer. Die liebe Mutter meiner Söhne hatte es ja wie immer tief aus ihrem Inneren gut gemeint und dieses mal mit den Meerschweinchen. Sie ließ dem Weibchen im Balkonblumenkasten nur etwas Natur zukommen und das liebe Tier sah nach dem Sturz aus knapp sechs Meter Höhe wirklich nicht mehr sehr gut aus. Es war nun leider kein Wellensittich, der davonfliegen konnte. Das Meerschweinchengrab gibt es immer noch unter dem Fliederbusch hinter meiner ehemaligen Wohnung. Nach diesem Vorfall sprachen unsere beiden kleinen Tierliebhaber fast ganze drei Wochen kein einziges Wort mehr mit uns Erwachsenen. Dann aber um so öfters, denn die letzten beiden Fellträger wurden gegen ein Supernintendo eingetauscht und dafür brauchte man das eine oder andere Spielchen und die finanzielle Unterstützung der Elternteile. Das Gerät war auch viel pflegeleichter als seine tierischen Vorgänger und nach einigen Einweisungen und ausgedehnter Trainingszeit bis tief in die Nacht hinein, kam ich mit dem Suchtgerät auch recht gut zurecht. Tiere jeglicher Art ließen wir von da ab im Zoo, im Urwald oder auf der Wiese.

Es sollten dann für mich einige persönliche Erfahrungen mit der seltsamen weiblichen Gattung der Menschen geben, ich wurde durch Richterlichen Beschluss von meiner Angetrauten geschieden. Ich fand neue Freunde und eine neue Partnerin. Es folgte – ein neues Haustier, eine Katze.

Nun hatte ich fast alles durch, was so als normale Haustiere gehalten wird.

Ich kannte Katzen persönlich nur von den unerfüllten Kinderwünschen meiner beiden letzten Söhne und auch in meinem großen Freundeskreis besaß keiner eines dieser seltsamen Tiere. In grauer Vorzeit saßen diese Tierchen bekannterweise auf den krummen Buckeln von ausgeflippten älteren Damen und wurden mit diesen auf einem der unzähligen Scheiterhaufen verbrannt oder wurden zum Fangen der damals vorhandenen Millionen von Mäusen eingesetzt. Nun möchte ich meine neue Flamme nicht zu den eben beschriebenen Frauchen zählen, denn ich konnte auch nach intensiver Suche keinen entsprechenden Buckel finden, und Mäuse hatten wir nur ab und zu in unseren Geldbörsen.

Twinky, oder so ähnlich hieß die süße Krallenabbeißerin, hatte irgendwie doch etwas Menschliches. Sofort nach unserer ersten Bekanntschaft saß das wärmende Pelztier auf meinem besten Stück und ich auf der Couch neben ihrer Herrin. Es war schon ein seltsames Gefühl von einer Katze geliebt zu werden, aber wo Sonne ist, da ist auch bekanntlich etwas Schatten. Twinky war wie fast alle weiblichen Wesen dieser Welt sehr sensibel und launisch. Einmal zur falschen Zeit an der falschen Stelle gestreichelt, brauchte ich fast einen Chirurgen, der mir die klaffende Wunde wieder vernähen musste, welche das liebe Tier mit ihren rasierklingenscharfen Krallen verschafft hatte.

In früheren Jahren hatte ich vorübergehend die seltsame Angewohnheit, die Nägel meiner zehn Finger mittels immer noch gut funktionierender eigener Zähne zu entfernen und hatte somit eine Nagelschere immer in meiner Nähe. Nun hatte ich mir diese Manie unter großem Stress und mit viel Willenskraft endlich abgewöhnt und siehe da – Katzen sind wirklich recht menschlich. Auch unsere Katzenlady beherrschte diese Nagelentferntechnik perfekt und sehr zu meinem Ärger. Sie konnte in den seltsamsten Stellungen herumliegen und ihre Krallenstückchen im Wohnzimmer herumspucken. Eigentlich besaß das verwöhnte Tierchen eigens für diese Tätigkeit einen eigenen teuren Kratzbaum. Nun gut der Dinge, denn ansonsten war sie recht umgänglich und wärmte regelmäßig, wie oben schon erwähnt, am Abend mein bestes Stück und zerkratzte nur ab und zu ganz vorsichtig meine Körperoberhaut an den verschiedensten Stellen.

Es sollte aber noch besser kommen.

Mein jüngster Sohn zog zu mir und ein zweites „Kätzchen" hielt Einzug in unsere schon vorbelastetes Heim. Es war dieses Mal ein männliches Katzenwesen und im Gegensatz zu den Meerschweinchen und weißen Mäuschen konnte das mit großer Sicherheit und gut sichtbar festgestellt werden. Die erste Begegnung zwischen den beiden Haustigern war fast dramatisch, denn die Katzenhausherrin versuchte ihr angestandenes Revier mit all ihrer Macht zu behaupten. Der kleine Katermann bekam den wohlklingenden Namen „Charly", obwohl ihm dieses ganz bestimmt an seinem kleinen Katzenhintern vorbei ging. Charly ließ sich durch die Lady nicht beeindrucken, blieb und machte seinen wunderbaren Blödsinn. Aber die Katzendame verhielt sich nicht gerade damenhaft und rächte sich bei uns für die Anschaffung von Charly auf ihre Art. Der von ihr mit Katzenurin versaute Badewannenvorleger konnte noch mit der heimischen Waschmaschinentechnik gereinigt werden, aber die Teppichauslegeware ging nun wirklich nicht in das Gerät hinein. Man konnte die Schadenfreude der Katzenlady förmlich spüren, als die Hausherrin den Teppichboden in mühevoller Handarbeit bearbeiten musste.

Damit der zwar noch minderjährige Kater nicht irgendwann der Natur entsprechend auf die Idee kommen konnte, mittels

Twinky und seinem kleinen Pullermann noch weitere Pinkelmaschinen zu bescheren, wurde ihm seine komplette Männlichkeit mittels Tierfacharzt genommen (armes Schwein!) ...... ähm Kater. So, wie schon am Anfang der Menschengeschichte die Neandertaler auf Grund von einer völlig versauten Wohnhöhle eine neue irgendwo anders neu besiedelten, so ging es auch uns. Wir zogen in eine neue Behausung, etwas größer und mit einem Gartengelände anbei für eventuell frei laufende Katzen und Regenwürmer. Wir ließen also den beiden Fellträger freien Lauf im Garten und meinten es ja nun wirklich nur gut mit ihnen. Lady Twinky machte sich nach dem dritten Auslauf aus dem Staub und ward nie mehr gesehen. 1236 Mitbewohner wussten dann mittels Aushang über das Vorhandensein/Nichtvorhandensein der Katzendame Bescheid, aber es blieb wie es war. Twinky hatte wahrscheinlich die große weite Welt oder ein schnell fahrendes Auto erwischt. Wie schon so oft in meinem Haustier gehaltenem Leben gab es wieder familiäre Trauer, Tränen und es gab - ein neues Kätzchen.

Der entmannte Charly entwickelte sich zum totalen Eunuch, wurde faul und träge. Er lag meistens irgendwo schlafend herum und nur in wenigen Ausnahmefällen nahm er die neue temperamentvolle Katzenlady zur Kenntnis und diese ihn in den Schwitzkasten. Nach einigen heftigen Katzenkrallenangriffen waren dann auch unsere schönen Polstermöbel reif für den Sperrmüll. Katzen kosten ja nun wirklich eine schöne Stange Geld und ich überlegte in stillen Minuten immer wieder, wozu diese Fellträger überhaupt gut sein sollen. Pferde ziehen wenigstens irgendeinen Wagen oder man kann darauf reiten (oder runterfallen), Kühe geben Milch und Schweine kann man verspeisen.

Aber Katzen?!

Höchstens solche Außerirdischen, wie der Alf im Fernsehen fressen solche Tiere – wir jedenfalls niemals.

Wenn man mich tiefgründig fragt, ich kann keine Antwort finden, wozu Katzen heute noch nützlich sein können. Sie fressen uns die Haare vom Kopf, bestehen auf ihr eigens Katzenklo und bestehen auf ihre ständigen Streicheleinheiten.

Und was haben wir davon?

Mäuse und bucklige Frauen gibt es in unserer Gegend auch schon lange nicht mehr. Nur noch immer mehr Hauskätzchen und von ihnen total zerstörte Wohnungseinrichtungen. Wenn irgendwann unsere beiden, leider sehr langlebigen Tierchen in den Katzenhimmel wandern, halte ich mir höchstens noch Regenwürmer im heimischen Garten.

Eine phantastische Geschichte

Fritz war mittlerweile in den sogenannten besten Jahren, aber keiner sah ihm sein stolzes Alter an. Jeder hätte den strammen Mann gut und gerne auf fünfunddreißig Jahre geschätzt, obwohl er immerhin schon das sechsunddreißigste Lebensjahr gerade überschritten hatte. Aber was versteht man überhaupt unter dem „Besten Alter"? Da wird sich wohl keiner so richtig festlegen können, denn was für den einen die Jahre der überdurchschnittlichen männlichen Potenz sind, so sind es für den anderen die Jahre der Ruhe nach dem Sturm im ehelichen Bett. Ich glaube sagen zu können, über dieses Thema des „Besten Alters" gäbe es bestimmt eine Abhandlung von 3 – 4 Fachbuch umfassende Bände zu schreiben.
Aber nun nicht vom Fritz abschweifen und zurück zum Thema. Der, wie schon erwähnt, rüstige und bedeutend jünger aussehende Mann hielt nun mal viel auf sein Äußeres. Seine ständig frisch geschnittenen blonden im Wind verwehten Kopf- und die immer geschickt entfernten Nasenhaare machten schon etwas her. Auch seine weiß-rot geringelten Socken in den schon etwas in die Jahre gekommenen leicht ergrauten Sportschuhen gaben ihm ein flottes Aussehen.
Fritz war ein überaus aufgeklärter Mensch und stand mit seinen beiden oben schon kurz erwähnten Adidastretern felsenfest auf der darunter befindlichen Erde. An Wunder glaubte er bloß beim Lottospiel, und sogar die immer geschickt in Szene gesetzte Werbung im Fernsehen war schon lange von ihm völlig durchschaut worden. An UFO`s und andere grüne Männchen vom Mars aus den allgemein bekannten Science-Fiction-Filmen glaubte er natürlich überhaupt nicht. Er genoss sie aber leidenschaftlich und konnte sich immer wieder über die Fantasie und Perfektion dieser Filmstreifen begeistern. Aber das Thema interessierte ihn auch nur so lange, wie es über den heimischen Bildschirm flimmerte. Danach stürzte sich der aufgeklärte Mann immer wieder schlagartig zurück in die Wirklichkeit, ohne dass ihn

noch irgendwelche fantastischen Träume und Wünsche belasteten.

Der Fritz war unter anderem auch ein überzeugter Umweltschützer. Vor drei Jahren hatte der gute Mann immerhin bei einer Krötenwanderung mitgeholfen und drei der schleimigen Tierchen persönlich über die tödliche Landstrasse getragen. Auch bei seinen Winterpullovern achtete Fritz immer auf echte Schafswolle und er verfügte natürlich über eine wichtige Wertstoffmülltonne hinterm Haus. Er besaß zwar, wie fast alle Mitbewohner in seinem fünf stockigen Mietshaus, einen PKW und der lief sogar nach den neuesten Richtlinien mit gereinigten Abgasen, aber in der Woche fuhr damit nur sein holdes Eheweibchen die 580 Meter bis zum Aldi und ab und zu zum Damenfriseur um die Ecke. Der Umweltschützer Fritz benutzte das Angebot der öffentlichen Verkehrsmittel seiner Heimatstadt auf seinem Weg zur Arbeit und sogar wieder zurück nach Hause. Dummerweise gab es doch noch einige mehr dieser umweltschützenden Kategorie von Mensch und so quollen die Transportbehälter der Öffentlichkeit im Berufsverkehr ständig über.

Jeden Morgen, ob triefend bei Regen, frierend bis auf die stabilen Knochen oder im eigenen Saft schwimmend, stürzte sich das tapfere Schneiderlein in die rollende Volksschleuder und ließ sich damit einige Haltestellen weiter transportieren. Aber die Lenker der öffentlichen Busse waren leider auch sehr verschieden ausgebildet oder hatten vielleicht, wie so jeder Mensch, einmal ihren schlechten Tag. Zweimal musste der ausdauernde Fritz schon von einem Notarzt behandelt werden. Einmal hatte bei einer wahrscheinlich unvermeidbaren Notbremsung eine nette ältere Dame ihre gut gefeilten rot lackierten Finger in Fritzens Nasenlöcher versenkt und seine enthaarten Luftöffnungen total demoliert. Ein anderes Mal trug er ein heraus gefallenes Auge ganz vorsichtig in der rechten Hand zum nächsten Arzt und ließ es sich dort wieder fachmännisch einsetzen. Diese letzte Malheur geschah, als ein Mann ihm im Gedrängel der unzähligen Menschenleiber in der Sardinenbüchse von Bus mit seinem knochigen Ellenbogen in das bis dahin noch heile rechte Auge stieß. Als Fritz nach einem unüberhörbaren Löwenbrüller sich mit dem linken noch in der Augenhöhle befindlichen Sehorgan nach dem Augeausstoßer umsah, konnte er diesem unscheinbarem Wesen von einem Mann gerade mal in die Bauchhöhe schauen. Das oberste Ende der Person verschwand in fast 2,40 Meter Höhe und durch diese Tatsache etwas ernüchtert, ertrug Fritz sein Schicksal - und das heraus gefallene Auge in der rechten Hand.

An einem Freitagmorgen war der gute Fritz wieder einmal total, aber sicher im Bus von den anderen Mitstreitern eingeklemmt worden und konnte die einzelnen Haltestellen nur durch mitzählen erahnen. Sehen war für ihn überhaupt nicht möglich, denn mit seinen 162 Zentimetern im Personalausweis festgehaltener Körpergröße hatte er es noch nie leicht gehabt. Umdrehen war in dieser gut verkeilten Lage in der Volksschleuder auch absolut nicht möglich. Er war mittlerweile gerade mal zwei von den von ihm zu fahrenden Haltestellen weitergekommen – er hatte ja gespannt mitgezählt -, da durchfuhr es ihn im morgendlichen Gedankennebel wie eine fliegende Untertasse. Irgend etwas befand sich hinter ihm, was von einem anderen Planeten dieses Universums kommen musste, aber Fritz konnte es in dieser Enge beim besten Willen leider nicht mit eigenen, wieder heilen Augen sehen. So musste der leicht gestresste Mann sich auf seine, nach allen Seiten sich gut orientierenden, angeborenen Schlappohren verlassen. Er hörte hinter sich seltsame Laute und eine seltsam klingende Stimme. So etwas hatte der leicht verwirrte Fritz in seinem ganzen aufgeschlossenen Leben noch nicht in die guten Schlappohren bekommen, und es erinnerte ihn dunkel an einen letztens gesehenen Science-Fiction-Film aus dem Fernsehen. Sollte es so etwas nun doch tatsächlich geben? Fritz kämpfte mit seinem immer noch ganz normalen Gehirn gegen seine Fantasie an, aber es war ja da. Er konnte sich das seltsame Wesen aus den oben schon erwähnten Gründen nicht ansehen, aber die Laute die zu ihm drangen, ließen ihm einen kalten Schauer über den muskulösen Rücken laufen.

„Iin dinderdade wa`s tsön."

Fritz versuchte sich immer wieder mit all seiner Miniaturmanneskraft nach hinten umzudrehen, aber er erntete nur boshafte Seitenstöße und Blicke der anderen eingeklemmten, aber scheinbar nicht interessierten Mitfahrern. Aber Fritz war nun mal ein interessierter Fahrgast, und sie hatten ja nun auch schon die fünfte Haltestelle passiert.

„Daas niebe ato is dabut."

Seine gut funktionierende Fantasie ließ Fritz ein Wesen mit grüngesprenkelter Haut, antennenartigen Ohren und hervorquellenden roten Sehorganen entstehen, und er wunderte sich nun wirklich über die Gleichgültigkeit seiner Mitfahrgäste. Aber vielleicht waren das alles Stumme und Blinde – dachte Fritz, der UFO-Experte.

„Atobusse is danz dross."

Dieses Wesen hinter ihm musste dem Dialekt nach mindestens aus einer Entfernung von zwanzigtausend Lichtjahren herüber gekommen sein – ging es fachmännisch Oberkommandant der Sirius Fritz Kaloschke durchs arg strapazierte Gehirn. Da war es auch schon wieder.

„Wolfi haad inn de dinderdarde twei drose tella afdedesse."

„Duke ma ei pipmaz."

"Mus ma pipi!"

Gerade hatten sie gemeinsam die achte Haltestelle passiert, und die innere Spannung von Kosmosexperte Fritz und seine Fantasie beförderten ihn in eine weit entfernte Galaxie. Der gute alte Bus hatte sich schon in einen Raumkreuzer der dritten Kampfklasse verwandelt und Fritz durchschoss mit Lichtgeschwindigkeit das unendliche Weltall. Er begann schon unbewusst diese so hochintelligenten Laute zu wiederholen, er wollte sich ja nach der Landung auf dem Planeten Samurius im Sternbild der Sawaris nicht vor den Einheimischen blamieren und sich mit den dort ansässigen atobussen und pipmazies verständigen können.

„Iin dinderdarde hadi tsön depielt un deslawen."

Die seltsam gepiepsten Laute schreckten den Raumschiffobersteuerer Fritz wieder aus seinem Fantasieflug und der angehaltene Bus entleerte sich wie eine geplatzte Ölsardinenbüchse. Endlich war etwas Platz geworden und der immer noch unter einem Schock stehende Fritz konnte seinen geschundenen Körper wieder etwas freier bewegen. Es stiegen ja alle eingezwängt beförderten Sardinen aus, denn der Bus war an seiner Endstation angekommen und Fritz sollte etwas zu spät auf seine Maloche kommen. Er war ja bloß zehn Haltestellen zu weit gefahren.

Aber er konnte sich nun endlich den seltenen Besuch aus der anderen Galaxie ansehen und nahm auf einem Sitzplatz eine Mutti mit ihrem etwa zwei jährigen Sprössling war.

Aus diesem nicht grün verfärbten Wesen purzelten in dem Moment gerade die seltsamen Laute aus dem ganz normalen Kindermund:

„wiell nich heia mache, wiell pielen, mama!"

Hallo Kumpel

Im Prinzip hat ja jeder Mitbewohner unseres blauen Planeten einen Vater und eine Mutter, weil es ansonsten biologisch recht schwierig wird mit seiner eigenen Entstehung. Sogar die meisten Angehörigen der nicht menschlichen Rasse sind auf diese Konstellation angewiesen und nur ganz wenige Ausnahmen haben sich ganz solo in der Fortpflanzung im Griff. Zerteilt man z.B. einen Regenwurm mittels eines scharfen Gegenstandes ganz vorsichtig, so entstehen aus den Teilstücken wieder neue, gut erhaltene Exemplare. Von dieser Art der Vervielfältigung sollte man vorerst beim Menschen immer noch Abstand nehmen, aber vielleicht forscht man dahingehend schon ganz heimlich in irgendeinem abgelegenen Labor. Nun schweife ich aber vom oben überschriebenen Thema total ab.

Entschuldigung!

Ab und zu kann es aber auch beim Vorhandensein von Vater und Mutter dazu kommen, das sich er oder sie irgendwie und irgendwann in Luft aufgelöst hat. Fast jeder Mensch hat dann noch einen lieben oder bösen Bruder oder eine ähnlich veranlagte Schwester. Natürlich sollte noch der Vollständigkeit halber erwähnt werden, dass es auf Grund von Ahnenverknüpfungen auch noch Großväter und Großmütter gibt, was aber in keiner Weise auf deren tatsächlichen Körpergröße schließen lässt. Dann folgen noch bis in düstere Vergangenheit Ur, Urur, Ururur usw. Verwandte, welche bis zu Cäsar oder Cleopatra reichen können.

Fast jeder von uns hat noch einen Freund oder eine Freundin. Meist ist es besser als männliches Wesen einen Freund zu besitzen, denn Freundinnen bereiten meist unkontrollierbaren Ärger. Das gleiche trifft halt aber umgekehrt für das andere Geschlecht zu. Dabei gibt es gute und es gibt natürlich auch nicht ganz so gute Freunde und es gibt die sogenannten „Guten Freunde". Bei den letzteren sollte man besser drei, als ein Auge drauf werfen. Persönliche Erfahrungen bestätigen

diese Theorie und können unter <u>www.nichts-zu-finden.combaldwieder</u> nachgeforscht werden.
Nun gut. Da gibt es zwar ein altbekanntes Sprichwort: „Freunde kann man sich aussuchen, Geschwister nicht!", aber da muss wohl jeder seine eigenen Erfahrungen machen. Es gibt da aber noch eine andere Gattung von Beziehungen und diese gleich in riesigen Massen. Das sind die unter dem Begriff fallenden und sogenannten „Kumpel". Kumpel lauern überall. In den Schulen, in den Lehrwerkstätten, der Nachbarschaft und wahrscheinlich noch in jeder Ecke des täglichen Lebens.
Wie aber soll man diese Kumpel einordnen? Sehr schwer. Sehr schwer.
Denn da ist es schon wieder wie mit den Geschwistern: Kumpel sind plötzlich da, ordnen sich geschickt in unser Leben ein und verschwinden sogar in den meisten Fällen wieder plötzlich und dann spurlos. Also ich kann sagen, das Phänomen „Kumpel" sollte mal das Thema einer Doktorarbeit eines zukünftigen Dr. Phil. oder so ähnlich werden. Da aber meine bisherige Ausbildung nicht für solche Abhandlungen ausreichend vorhanden ist, beschränke ich mich auf allgemein verständliche Erklärungen und Bemerkungen.
Kumpel sind bekanntlich immer für einen da, auch wenn man sie überhaupt nicht braucht. Die anhänglichsten Kumpel trifft man meist in öffentlichen Trinkhallen, den allgemein bekannten „Kneipen" oder feiner ausgedrückt – Gastwirtschaften. Da es nun mal verschiedenste Gründe gibt, diese edlen Örtlichkeiten aufzusuchen, so entstehen daraus natürlich auch die verschiedensten Kumpel.
So möchten die einen meist männlichen Mitbürger ihre im Büro aufgesparte Kraft durch dreschen von bunten Pappbildern oder durch schütteln von kleinen Lederbechern mit darin befindlichen Plastikwürfeln abarbeiten, anstatt ihrer unbefriedigten Ehefrau etwas von dieser Energie abgeben zu wollen. Andere Anwesende in den Kneipen betätigen sich lediglich im einarmigen Reißen von mehr oder weniger vollen Getränkebehältern bis zur völligen persönlichen Abfüllung ihres stattlichen Männerkörpers. Dann gibt es aber noch die

Gelegenheitswirtshauspendler, welche irgend ein Problem mit sich herum schleppen und dann der Meinung sind, den Rucksack voller Ärger einfach in der Kneipe zurücklassen zu können. Natürlich gibt es noch einige Gründe mehr eine freundliche Gastwirtschaft aufzusuchen, so z.b. weil man gerade mal dringend Pullern muss, aber so vielfältig wie das menschliche Leben, so vielfältig ist es auch mit den Kneipenbesuchern. Wie nun aber ganz kurz oben abgerissen die verschiedenen Typen der „Gäste" der Trinkhallen und so verschieden sind dann auch die dazu gehörenden „Kumpel".

Die Kartendrescher besitzen meist zwei bis drei Kumpel auf Lebenszeit, da zum Spielen dieses, wahrscheinlich schon aus der grauen Steinzeit stammenden Spieles, meist drei bis vier gleich gesinnte notwendig sind. Bloß waren die Männer in der Steinzeit viel, viel stärker bei den Granitblöcken in der Hand. Mehr als vier Spieler gibt meist nur Ärger, da die Überzähligen immer dazwischen quasseln und beim Nachbar versuchen zu spicken. Weniger als drei geht auch schlecht, da man dann nur Schach spielen könnte und das bedeutet natürlich eine gewisse Intelligenz. Solche Kumpelkonstellation kann oft von großer Dauer und Intensität sein, und nicht selten steht der eine oder andere Kartendrescher mit dem schon mittlerweile leicht vergilbten Skatblatt in der Hosentasche noch an der letzten Ruhestätte seines besten Kumpels aus der Kneipe an der Ecke.

Bei den Würfelbechlern sieht es etwas anders aus. Da kann schon mal die gesamte Kneipenbesetzung mit von der Partie sein und das sind dann wirklich nicht immer alles echte Kumpel. Vor allen Dingen besteht die Gefahr, dass der eine oder andere schlechte Schüttler schon mal mit geschickten Fingern versucht, sein Glück selbst in die Hand zu nehmen zu wollen und somit die anderen Würfler übers Ohr zu hauen versucht. Da ist nicht selten ein gewisser Prozentsatz an Ärger mit eingeplant. Vor allem mit fortschreitendem Abend und Flüssigkeitsverbrauch steigt die Gefahr, dass keiner mehr die wichtigen Pünktchen auf den Plastikwürfeln so richtig erkennt. Nun aber zu der letzten, oben von mir schon kurz erwähnten, Kategorie von Kumpel aus dem Treffpunkt für gestrauchelte Männer und die, die es noch werden wollen. Diese sitzen oder hängen, je nach Füllstand ihrer starken Körper meist allein in einer finsteren Ecke herum und scheinen förmlich auf die auch schon erwähnten Sorgenherumträger zu lauern. Manchmal könnte man den Eindruck gewinnen, dass diese herumhängenden Kumpel einmal gestrandete Psychiater oder unverstandene kirchliche Seelsorger gewesen sein mussten. Zumindestens bekommt man als betroffener Sorgenträger sehr schnell diesen Eindruck, wenn man sich rein zufällig in eine dieser Kneipen verirrt, um dort, wie allgemein behauptet, seinen Ärger hinunter spülen zu wollen. Kaum hat man sein drittes Glas Betäubungsmittel auf „EX" hinter die sogenannte Binde geschüttet (von dem Verschwinden der Probleme und Sorgen noch immer nichts verspürt), da sitzt plötzlich solch ein Kumpel aus finsterer Kneipenecke an seiner Seite. Nachdem man dann weitere drei bis fünf Gläser Gerstensaft unter Mithilfe des neuen Kumpels und auf eigene Rechnung hinunter gestürzt hat, beginnt ein verständnisvolles Gespräch seitens des netten neuen Kneipenkumpels. Wenn dann der unerfahrene Erstkneipengänger schon etwas benebelt ist und unter Tränen zerfließend seine ganze schlechte Ehe- oder böser Chefgeschichte ausgebreitet hat, kommt der beste neue Kumpel zum Zug.

Mit unermesslicher Lebenserfahrung und mit Löffeln gefressener Weißheit werden dann Ratschläge und Lebenshilfen verabreicht, welche dann in absehbarer Zeit die zwanzigjährige Ehe komplett kostet oder einen bestialisch ermordeten Chef zur Folge haben wird. Ganz makabre Wirtshauskumpel lassen sich dann noch das Foto der bösen Ehefrau zeigen, informieren sich über die finanziellen Verhältnisse und sind kurz nach der eigenen Ehescheidung mit der plötzlich netten Frau verheiratet. Ich bin deshalb zu der eigenen Erkenntnis gekommen, man sollte sich mit seinem schweren Sorgenklumpen am Bein lieber gleich in den Vater Rhein stürzen, als in öffentlichen Therapiecentern

(Kneipen) und durch deren guten Kumpel im Leben irgendwie weiter zu kommen.

Soweit, so gut zu den Kumpeln in Verbindung mit dem allseits beliebten Gerstensaft.

Es gibt diese munteren Gesellen aber auch in der ganz nüchterner Form und, wie schon erwähnt, wieder in jeder Ecke des Lebens. Überall gibt es diese Gattung von Mensch. Kaum hat man in einem neuen Job angefangen und schon bekommt man von guten Kumpeln die besten Ratschläge, wie man Arbeitszeit einsparen kann, wie leicht man mit der Kantinenlady ins Geschäft kommen kann, wo diverse ungenutzte und überflüssige Materialreserven für den eigenen Verbrauch herum liegen und zu welcher Zeit die Ehefrau des Chefs unbefriedigt zu Hause in ihrer großen Villa auf dich wartet. Der nächste neue Job ist also schon vorprogrammiert. Diese munteren Kumpel schrecken aber auch vor nichts zurück. So gibt es sie auch ganz nah in jeder Nachbarschaft und jedem Mietshaus. Ich kann nur jedem aus eigener Erfahrung raten, private Parties weit unter der zulässigen Zimmerlautstärke zu betreiben, ansonsten kann es leicht passieren, dass statt der zwanzig geladenen Gäste gegen Mitternacht auf Grund von weiteren irgendwie geschickt eingeschlichenen Lungenträgern das Sauerstoffvolumen des Wohnzimmers nicht mehr für alle Anwesenden ausreicht. Das wäre aber bei weitem noch nicht das Schlimmste, denn dann kann man durch Öffnen der Fenster für den Nachschub an Lebenselixier sorgen. Schlimmer ist es, wenn dann die bis dahin unbekannten Kumpel aus der Nachbarschaft Fachhobbyklempner, Fachhobbyautomechaniker oder ähnliche wichtige Freizeitbeschäftigungen betreiben. Nach kürzester Zeit haben diese Kumpel das gerade vor drei Jahren komplett neu eingerichtete Badezimmer preiswert auf den neuesten Stand gebracht und seit dem wird man auf Grund von seltsamen Körpergeruch von aller Welt gemieden. Oder der gute alte Opel vor der Tür hat nur noch Schrottwert, weil ein guter Nachbarschaftskumpel alles von Autos versteht und aus den drei schon seit fünf Jahren bestehenden kleinen Macken ein sich nun überhaupt nicht mehr vorwärts zu bewegendes Fahrzeug macht. Natürlich das Ganze zu einem Superkumpelfreundschaftspreis.

Dann folgt aber noch der PC-Fachhobbykumpel, und der hat es in sich.

„Was, du hast noch eine 276-iger PC und der Sound ist doch auch noch nicht 5D."

„Die Grafik ist aber auch keine Grafik. Da kann ich dir mal günstig. Du weißt schon: Beziehungen und mein Können."

Der gute Kumpel saust dann gleich los, besorgt alles für einen Spottpreis und baut das ganze dann in drei und einen halben Tag in deine alte Schrottbytekiste ein. Danach hilft nur noch ein neues komplettes Teil zum halben Preis der eingebauten Steckteile, damit man endlich wieder sein heißgeliebtes Ballerspiel über den Monitor flimmern lassen kann. Den alten, fachmännisch aufgemotzten Super-PC kann man dann noch nicht einmal an ein Waisenhaus verschenken, weil er es ja nun wirklich nicht mehr tut.

So setzt sich das Leben mit den Kumpeln bis zum bitteren Ende fort und ich kann nur jedem aufgeschlossenen Menschen abschließend raten:

Finger weg von Kumpeln und weit weg in den Bergen eine einsame Hütte bewohnen.

Nur fliegen ist schöner

Früher, ganz viel früher bewegten sich die Angehörigen der menschlichen Rasse mittels mit einer dicken Hornhaut versehenen blanken Füßen über unsere Erdkugel. Aber immer wieder trat irgend einer in etwas gerade im Wanderweg Herumliegendes hinein, schrie laut vor unsagbaren Schmerzen auf und konnte seine barfüßigen Quadratlatschen für eine Weile nicht mehr richtig benutzen. Da nun die selbigen Herumtrampler sich rasend schnell und mit sehr viel Spaß dabei vermehrten und diese Schmerzschreie natürlich auch immer öfters durch die stillen Lande gellten, erfand irgend ein gewisser Herr Sandalos die ersten Sandalen. Die auf Grund von angeborenen Schwertgerassel sehr oft und sehr weit herum kommenden Römer waren bald allesamt komplett besandalt. Somit hörte man dann allerorts nur noch deren Kriegsgeschrei und die wenigen Fußschmerzschreie ersticken meistens im allgemeinen Kampfgetümmel. Nun war es in der Gegend, wo diese Kampfrömer herstammen, bekanntlich auch etwas wärmer als bei den Vorfahren in unserer Gegend. Somit hatten die Germanen ein erstes Problem. Die von den Römern abgekupferten Sandalen waren im hohen Norden nicht sehr hilfreich, weil der bittere Frost zwischen die immer noch blank liegenden Zehen pfiff und somit dicke Frostbeulen hinterließ. Aber auch in Germanien gab es ein paar wenige kluge Köpfe und so unter anderem auch ein gewisser Herr Schuhster. Der grübelte einige Wochen in seiner heimischen Hobbywerkstatt und dann war der erste Komplettschutz der Germanenfüße geboren – der Schuh. Wahrscheinlich haben wir Germanen es den unterentwickelten Sandalen der Römer zu verdanken, das diese auf Grund der kühlen Witterung bei uns und den daraus folgenden kalten Tretern sehr schnell unsere Gegend verließen und wir Gott sei Dank heute keine Römer sind.

Das soll aber nur eine kleine Rückblende tief in die Vergangenheit des Fortbewegens des Homo Sapiens gewesen sein. Irgend ein seltsames, bis heute noch nicht richtig erforschtes Gen ist uns leider immer wieder mit in die unzähligen Kinderwiegen der menschlichen Entwicklung gelegt worden. Ein fast unbezwingbarer Trieb sich nicht einfach im Umkreis von zwei bis fünf Kilometern seines Lebens erfreuen zu können, sondern immer hinaus in die weite Welt zu wollen. Anfangs war man aber da noch etwas vorsichtiger, da allgemein verbreitet die Mutter Erde flach wie eine Flunder im Universum durch die Gegend zischte. Somit bestand ja immerhin die Gefahr, bei allzu langen Wanderungen plötzlich von diesem Rand herunter zu fallen. Als dann ein ganz gewitztes Kerlchen entgegen aller ihm drohenden Strafmaßnahmen die Mutter Erde als einen großen Ball zu erkennen schien, war der Wanderlust unserer Vorfahren keine Absturzgefahr mehr im Wege. Auf Schusters Rappen war das aber immer noch recht mühsam und Schuhwerk verschleißend. So schwitzten in stillen Kämmerchen wieder einmal ein paar der wenigen Auserwählten der Menschheit und zerbrachen sich ihre großen schweren Köpfe. Mit Rädern aus vier Ecken war das ganze anfangs doch wiederum recht lachhaft und so feilte man beständig diese störenden Ecken, bis die Sache eine runde war. Jetzt ging es mit Pferd und Wagen hinaus in die weite Welt. Aber das oben schon erwähnte Gen war wieder stärker und es sollte noch besser, schneller und weiter gehen. Schon bald stießen die Flachlandtiroler an neue Grenzen ihrer Wanderschaft. Wasser, soweit die meist brillenlosen Augen sehen konnten, versperrte dem Fernweh den Weg. Aus kleinen Nussschalen wurden drei, fünf, sieben, neun und ....-Master und der Wind sollte die Wanderburschen kotzenderweise kreuz und quer über die großen Wasser tragen.

Es war einfach herrlich.

Der Mensch war endlich frei wie ein Vogel. Wie ein Vogel? Da fehlte nun doch noch etwas. Es gehörte schon viel Schwachsinn dazu, sich irgend ein Vogelfederkleid zu basteln und von Klippen und Kirchtürmen stürzend das Fliegen lernen zu wollen. Aber seltsamerweise schien dieser seltsame Schwachsinn auch den Menschen im allgemeinen angeboren zu sein, denn man tat es doch tatsächlich. Die ersten Federträger konnten leider nicht sehr viel von ihrem ersten Turmabsturzgefühl der Nachwelt mit auf den weiteren Luftweg geben, denn die sahen meist am Boden wieder angekommen nicht mehr so gut aus. Doch bei allem Schwachsinn in der Menschheitsgeschichte, so siegte immer wieder dieses oben bereits deutlich erwähnte Gen gegen den Verstand. Aus anfänglichen Suizidversuchen wurden die ersten Flugzeuge zusammengebastelt. Flugzeuge, weil man damit irgendwohin fliegen wollte, und da gab es dann noch Fahrzeuge, da konnte jedermann in die Ferne fahren. Schlaue Namensgebung nicht wahr?

Flugzeuge – Fahrzeuge.

Nun ist aber wirklich Schluss mit dem Geschichtsunterricht und endlich zum heutigen Wahnsinn. Auch heute heißt es nach wie vor höher, schneller, weiter. Sie sehen, die Theorie mit dem besagten Gen hat sich tatsächlich bewiesen. Der Erfindergeist der Menschlein scheint aber auch keinerlei Pause zu besitzen und immer wieder grübeln einige Außenseiter darüber nach, ob dieses Fernweh-Gen nun Fluch oder Segen der Menschheit ist.

Die ganze zivilisierte Menschheit fährt oder fliegt heute durch die Gegend. Schuhe haben nur noch einen modischen Stellenwert und Fußwege sind meist auch nur unter Lebensgefahr zu benutzen. Das Fahr- und Flugzeug hat gesiegt!

Nun muss ich dieses besagte Gen schon wieder erwähnen, denn es ist ganz bestimmt auch für ein ganz makabres Krankheitsbild verantwortlich. Dem allgemein bekannten Reisefieber. Eine Volksseuche im wahrsten Sinne des Wortes. Kaum ein Erdenbürger bleibt davon verschont und seltsamerweise wird auch an keinem Heilmittel gegen diese schwere Krankheit geforscht. Wer weiß, wer da wieder seine Finger drin stecken hat (Reisebüros, Hotelketten, Campingplätze usw.)?!

Nun erwischt dieses Fieber aber jedes Menschlein ganz verschieden. Die einen plagen sich mit Temperaturen von 45 Grad herum und können das Fieber nur in 2000 Kilometer

Entfernung richtig auskurieren. Andere bekommen nur erhöhte Temperatur und liegen dann mit ihrem Reisefieber im nahen Schwarzwald auf irgendeiner Waldwiese herum. Ein- bis dreimal im Jahr erwischt es so jeden armen Teufel und andere verdienen mit diesem menschlichen Gebrechen auch noch eine Stange Geld.

Nun will ich aber zu einem ganz persönlichen Beispiel der Erklärungen kommen, nämlich mich.

Für seine innerlich befindlichen Organe, Gehirnwindungen und natürlich auch die wichtigen und unwichtigen Gene kann keiner etwas. Ich wüsste auch nicht, wen man aus grauer Vorzeit irgendwie dafür verantwortlich machen kann. Wenn es nach dem Bestseller, der Bibel, geht, kann es ja nur einen geben. Aber das ist alles eben noch nicht so hundertprozentig durchleuchtet. Aber was soll es.

Wir können sowieso nichts mehr daran ändern, höchstens es gibt irgendwann nicht nur einen Zahn-, Haut- oder Nervendoktor, sondern einen Spezialisten für die Gene. Der kann dann vielleicht etwas daran herumschnippeln und uns irgendwie wieder in die Reihe kriegen. Aber wer weiß, wenn der sich dann mal vertut, was dabei alles so raus kommt.

Also habe auch ich immer noch die genetischen Defekte meiner Vorfahren mit mir herumzuschleppen und somit auch dieses verfluchte Reisefieber regelmäßig zu ertragen.

Eigentlich bin ich ja ein ganz normaler Stubenhocker (Gen-bedingt), aber einige leichte Fieberschübe habe auch ich nicht ganz verhindern können. Anfangs begnügte ich mich noch mit den althergebrachten Therapien und schnürte meine Wanderschuhe. Hinaus in die Natur und das Ganze noch ohne den Besitz eines bald zum Lebensstandard gehörenden Automobils. Bei knapp fünf Stundenkilometern und etwas Marschverpflegung im damals noch weit verbreiteten Rucksack erforschte ich im Reisefieberanfall meine nähere Umgebung. Aber bald sollte die gute alte Eisenbahn folgen und ich erlebte erstmals hautnah und zusammengepfercht in einem Reisezugwagen der zweiten Klasse die oben erwähnte Reisefieberseuche. Ich bemerkte auch bei mir eine gewisse Ansteckungsgefahr. Ich konnte aber nicht nachvollziehen, wie ich mir das Fieber geholt hatte. Ob nun durch Tröpfchen beim Anniesen, beim Händereichen oder durch miteinander darüber reden – ich weiß es nicht. Ich weiß nur mit Gewissheit eines persönlich erkannt zu haben – man konnte damit leben. Ich lernte damit umzugehen und erkannte bald sogar eine gewisse Suchterscheinung als Nebenwirkung dieser Volkskrankheit. Schon viele Monate im Voraus erwischte ich mich immer wieder, wie ich mit leichten fiebrigen Erscheinungen zu kämpfen hatte. Ich plante meine Reisefieberzeit. Ich ordnete die Krankheit in mein Leben ein, wie meine Frau neben mir im Ehebett. Auch meine Fiebertemperatur schien von Jahr zu Jahr zu steigen, was ich eindeutig an den immer weiter entfernt liegenden Auskurierorten erkennen konnte. Wenn ich anfangs noch mit dem Schneckentempo und den Wanderstiefeln meine Anfälle beseitigen konnte, später dann die Deutsche Bahn über mich ergehen ließ, so saß meine fiebernde Familie bald im eigenen Fahrzeug und reihte sich in die langen Warteschlangen auf den Autobahnen ein, um ans heißersehnte Reisefieberziel zu kommen. So beweglich konnten wir immerhin Fiebertemperaturen von um die 38 bis 40 Grad in den Alpen, an der Nordsee und im nahen Mittelmeerraum beseitigen. Aber wie es bei nicht behandelten Krankheiten nun mal ist, sie entwickeln sich meist unkontrolliert weiter.

Es kam, wie es kommen musste.

Unser familiäres Reisefieber erlangte im vergangenen Jahr die stolze Höhe von 44,2 Grad und wir konnten den zum auskurieren dieser hohen Reisefiebertemperatur notwenigen Ort nun nicht mehr mit dem Fahrzeug vernünftig erreichen. Es blieb uns nur noch eine weitere Errungenschaft der Menschheit für unsere Heilung. Wir mussten ein Flugzeug benutzen.

Und das war es dann! Ich habe ja, wie bekanntlich jeder normale oder nicht ganz so perfekte Mensch nicht nur das Reisefieber-Gen in meinem Körper versteckt, sondern medizinischerweise noch einige Unmengen an anderen sinnvollen oder auch weniger wertvollen Genen dazu. Eines ist mir seit vergangenem Jahr auch das erste Mal aufgefallen –

das Flugangst-Gen. Das war bei mir dummerweise auch noch viel stärker ausgeprägt, als das uns mittlerweile gut vertraute Reisefieber-Gen. Wenn ich beim Reisefieber manchmal mit Schüttelfrost, tropfender Nase und klappernden Zähnen zu tun hatte, so war die Flugangst der wahre Horror.

Schon die Erkenntnis, unsere hohe Reisefiebertemperatur nur noch mit einer Reise zu den Südseeinseln beseitigen zu können, bescherte mir in den ersten zwei Wochen die heftigsten Flugangsterscheinungen. Ich aß nur noch rohe Kartoffeln und überbackene Reiskörner. Im Job stand ich zweimal vor der fristlosen Kündigung, als ich einmal ganz in Gedanken an das Flugzeug auf dem Parkplatz des Chefs meinen alten Opel deponierte und zum zweiten, als ich in einem nervlichen Tiefgang nach einer lautstarken Gehaltserhöhungsforderung dem guten Chef zwei Finger seiner rechten Hand in der von mir vor Wut zugeschlagenen Tür einquetschte. Die Nächte neben meiner leicht vor sich hinschnarchelnden Ehehälfte wurden für mich auch immer kürzer. Alpträume beherrschten meine Seele. Seltsamerweise erschienen mir die immer wieder in der Zeitung abgedruckten Informationen über Flugzeugabstürze und diverse Pannen komplett in knallroten Lettern, derweil mir meine Gattin nur zeitweilige Farbenblindheit zurechnete. Wie das aber in der Natur des Menschen ist, nicht jeder ist Gott sei dank gleich veranlagt und so war in unserer vierköpfigen Zusammenstellung nur ich allein der Betroffene.

Eine Woche vor dem wie schon alle vorherigen Reisefieberziele lange gebuchten und unbedingt notwenigen Flug ins Ungewisse, war es dann ganz vorbei mit mir.

Ich hatte auf Anraten von meiner liebsten und verständnisvollsten Elfriede schon eine Woche vor Abflug Urlaub genommen, um nicht doch noch in den Genuss einer Not und Elend bringenden Kündigung zu kommen. Ich hatte mir einundzwanzig diverse Trickfilmvideos aus der Videothek nach Hause geschleppt, da aus jahrelanger persönlicher Erfahrung diese Filmchen seltsamerweise eine wahnsinnige Beruhigung für mich bedeuteten. Zurückgezogen ins Schlafzimmer hatte ich Donald, Micky Maus und die

Glücksbärchen schon zweimal hintereinander inhaliert, war sogar immer wieder mal für eine halbe Stunde zwischendurch eingeschlafen, aber das Gen tat weiter seine zerstörerische Arbeit in mir. Schon zwei tagelang hatte ich mir nicht mehr die Zähne geputzt, nachdem ich vorher drei Zahnbürstenköpfe mit verkrampften Zähnen abbiss und diese seltsamerweise bei keinem folgenden Stuhlgang wieder zum Vorschein kamen. Auch die täglich notwendige Nassrasur verbot mir meine Frau, in der Angst, meine schlotternden oberen Gliedmaßen könnten sie vorzeitig zur Witwe machen. So konnte ich ungewollt das erste Mal in meinem Leben an einem gut gewachsen Vollbart gefallen finden. Über die anderen Flugangst bedingten Ausschreitungen wie zeitweiliges Bettnässen, Katzenfutter essen, Trinkgläser abbeißen und vieles seltsames anders mehr würde ich jetzt beim Weiterschreiben einen mehrbändigen Roman zusammenbringen. Es war die Hölle.

Dann kam der Tag der Erkenntnis.

Für mich hatte meine Elfriede am Tag der Abreise vorsichtshalber einen Privatarzt, einen Schwerstbehindertennotdienst und eine Polizeieskorte arrangiert. Wenn ich diese Frau nicht hätte oder wenigstens ihre Nerven und nicht das verdammte Flugangst-Gen.

Bis zum Flugzeug wurde ich dann gut verschnallt in einem Rollstuhl gefahren und konnte noch nicht einmal um Hilfe schreien, da mein Schreiorgan mittels breitem Paketklebeband gut verschlossen war. Keiner der Flugplatzgäste dachte an eine mögliche Entführung und reagierte in entsprechender Form. Wahrscheinlich werden öfters solche Flugangsttypen wie ich in der gleichen Form durch das Terminal befördert.

Dann saß ich im Flieger, war wieder gut angeschnallt und hatte in zittrigen Händen vier noch leere sogenannte Kotztüten. Die freundliche Stewardess konnte mir mit ihrer erotischen Figur auch keine anderen Gedanken verschaffen und dann ging der Todesflug der Boing 707 unvermeidlich und mit mir an Bord in die bodenlose Luft. Ich weiß nicht mehr genau, ob ich ohnmächtig geworden bin oder ganz einfach vor lauter Müdigkeit nur etwas eingenickt war.

Nächstes Jahr jedenfalls kann so hohes Reisefieber kommen wie es will, ich bin auf alles gut vorbereitet.

Wunder gibt es immer wieder

Es gibt Dinge zwischen Himmel und Erde, die kann wirklich keiner so richtig und allumfassend vorhersehen. Natürlich sind allen die Wetterfrösche im Fernsehen bekannt, die immer recht siegessicher und überzeugend mitten im Monat Mai für den nächsten Morgen Schnellfall bis in die untersten Schuhspitzen und die nächste Hitzewelle in Alaska vorhersagen glauben zu können. Schaut man dann gegen 06.30 Uhr des vorhergesagten Tages zum vorsichtshalber fest verschlossen gehaltenen Fenster raus, strahlt die wärmende Maisonne in die noch leicht verschlafenen Äuglein. Die schon wieder gut gewachsten Skier können wieder im dunklen Keller verschwinden und der wärmende Pelz gegen die Badehose eingetauscht werden.

Dann sitzen da noch vielerorts sich immer rascher vermehrende Glaskugelbeschauer/innen in leicht abgedunkelten Kämmerchen herum und versuchen mittels anspruchvoller Bezahlung, einigen verklebten Skatkarten und verschiedenen Hühnerknöchelchen irgend etwas hinter den düsteren Schicksalswolken von immer mehr leichtgläubigen Menschlein entdecken zu können. Sogar ganze Regalreihen voller Fachliteratur bezüglich düsterer Prognosen und Berge von Bargeld lauern in den Buchläden und hoffen ihren Erzeugern das letztere mit ihrem Verkauf bescheren zu können.

Die blonde Petra und ihr stattlicher Baubudenrülps Werner waren seit drei Monaten frisch verheiratet und dank ihrer aufgeklärten Jugend glaubten sie keinen der oben angeschnittenen Dinge und an Wunder nur im wöchentlichen Lottospiel. Die trotz ihrer dreimonatigen Ehe immer noch vorhandene Verliebtheit sah man den beiden Turteltauben sogar in der fast stockfinsteren Diskothek an, wenn man nämlich das Leuchten in ihren Augen mit der grellen Lasershow verwechselte. Wie es bei solchen frischen und noch sportlich durchtrainierten Eheleuten nun mal allgemein so üblich ist, schonten sie ihre Kräfte nicht im ehelichen

Bettchen. Petramaus war gegen etwaige Folgen ihres wilden Treibens dank einer kirchlich verpönten Pille gut gerüstet und so konnten die zwei mit aller Freude und Lust übereinander herfallen. Einige meiner älteren Leser werden sich bestimmt auch noch dunkel erinnern können, wie das vor langer Zeit einmal war. Schöööön – oder etwa nicht?

Dank solch moderner Familienplanungsmöglichkeiten waren die zwei wilden Stiere (Kuh) ganz bei der Sache und der starke Werner nach knapp drei Monaten wilder Ehe wie ein nasses Handtuch anzusehen.

Petramäuschen war auch regelmäßig beim Frauendoktor vorstellig, nur so allgemein und nur mal so zum nachschauen, ob noch alles an Ort und Stelle ist. Na ja, so genau kenne ich mich als männlicher Autor da nicht aus, denn auch meine bessere Hälfte hat mich immer etwas im Unklaren gelassen und wann kommt ein Mann schon zum Frauenuntersucher. Wahrscheinlich nur, wenn er sich etwas hat umarbeiten lassen. Nun gut, das kann jeder halten wie er will, ich halte beim Wässerchen lassen immer noch etwas in meiner Hand. Aber nun zurück zu unserer Petra und ihrer Weiblichkeit.

Jedenfalls erwartete die junge attraktive Frau wie schon so oft ihren durch das schwere Steine schleppen leicht geschafften Werner am Abend nach dessen Maloche mit einem wunderbar gedeckten Tisch, Kerzenlicht und ca. 2000 Volt Spannungspegel in der leicht nach 4712 duftenden Wohnzimmerluft.

„Hallo Schätzchen", säuselte sie ihm mit einer seltsam zittrigen Stimme ins rechte, weit aufgesperrte und unter der Betriebsdusche gut gewaschene Bauarbeiterohr. Ehe der davon besäuselte Arbeitnehmer zum fragenden Wort kommen konnte, wurde ihm ein Abflusssauger ähnlicher Frauenmund unter die schwarzen Schnauzbarthaare gedrückt. Schon leicht bläulich im Gesicht angelaufen, riss sich der bärenstarke Werner doch nun etwas verstört über so viel weibliche Saugkraft von seinem wie ein mittleres Kaminfeuer brennendes Weibchen los.

„Was ist denn los, Petramaus?" keuchte der ausgesaugte nach der ausgedehnten Mund-zu-Mund-Beatmung seitens

Petramausi, denn noch stand er ja auf seinen gut geformten Stachelbeerwaden und lag nicht hilfebedürftig irgendwo auf dem Boden herum.

„Komm doch erst mal ins Wohnzimmer und mach es dir gemütlich, mein Hase."

Immer wenn seine Ehemaus dieses langohrige Wort benutzte, lag etwas ganz besonderes in der familiären Umgebungsluft. Werner setzte sich also ganz vorsichtig und nun auch schon etwas unter elektrische Spannung geraten an den mit seinem Lieblingsgericht, Milchreis mit Kirschen, gedeckten Wohnzimmertisch.

„Lass es dir gut schmecken, mein Hase."

Da war es schon wieder, durchzuckte es Werners überfordertes Gehirn und ein seltsames Löffel-an-Teller-Klappern war die unkontrollierbare Folge des Hasenmännchens. Petra saß ihm mit einem seltsamen Lächeln auf den vormals Saugeteilen gegenüber und ihre schönen Äuglein konnten glatt einen 200 Glühbirnen tragenden Kronleuchter Konkurrenz machen. Werner verschluckte sich zweimal an seinem Lieblingsgericht und dann blieb fast der halbe Teller wortlos stehen.

„Was ist denn los, mein Häschen? Schmeckt es dir heute nicht?"

Werner verschluckte sich gleich noch einmal an dem letzten, gerade noch in seinen Hasenmaul gestopften Löffel herrlichen Milchreis mit Kirschen. Nachdem Petrahäsin dann den recht gleichmäßig versprühten Milchreis und die zwei dazugehörenden Kirschen geduldig und ohne irgendeine Bemerkung von der Damasttischdecke entfernt hatte, wieder mit herrlich schwingender Hüfte aus der Küche gewippt kam, war es dann um Werner und seiner angeborenen Geduld geschehen.

„Petra! Was ist bloß heute los? Irgend etwas stimmt doch nicht. Was ist passiert? Hast du im Lotto gewonnen, oder was?"

Wahrscheinlich ging die Fragerei noch um einige Din-A4-Seiten weiter, aber ich will es doch nicht weiter übertreiben.

Petra setzte sich seltsam gelassen auf den nun schon etwas zittrigen Männerschoß und saugte sich zum zweiten Mal an ihrem immer noch unwissenden Hasen fest. Ob die ganze Saugerei ganze Nächte gegangen wäre, niemand wird das je herausfinden können, denn Werner ließ es zu solch einer Dauersaugung gar nicht erst kommen.

„Bitte sag mir doch jetzt endlich, was heute mit dir los ist. Sonst dreh ich noch durch." zitterte Werner seiner holden nun aus gedämpfter Kehle entgegen.

„Hasenschatz! Ich weiß nicht, wie ich es dir am besten beibringen soll? Du reagierst manchmal immer so seltsam auf Neuigkeiten. Weiß du noch, als ich letztens mir den weinroten Tangabikini gekauft habe, hast du gleich den Mülleimer nach dem Preisschild durchsucht."

„Nun übertreib nicht, Petra. Ich wollte bloß nachsehen, ob die zwanzig Quadratzentimeter Stoff auch tatsächlich achtundneunzig Mark gekostet haben."

„Na siehst du, mein Hasilein und ich habe das Teil doch nur für dich gekauft. Der Abend nach der Live-Vorführung war dann immerhin noch lang genug für uns zwei, oder nicht?"

Werner schwieg nach dieser Tatsachenfeststellung einige Augenblicke und versuchte sich innerlich auf einen schönen Abend einzustellen.

„Wernerhase. Wir bekommen ein Kind."

Es war heraus und Werner fluchtartig im Bad verschwunden. Ob nun der im Bauch befindliche Lieblingsmilchreis oder der donnernde Nachhall des letzten Wortes hin dorthin getrieben hatte, nach einer halben Stunde kam der langohrige Ehemann etwas blass um die Nase zum unvermeidlichem zurück.

„Wir bekommen ein Kind? Bist du sicher? Du hast doch die Pille genommen, oder? Menschmeier."

Ein gestandener Mann saß wie ein Häuflein Elend auf der Couch und wurde Vater. Es sind doch schon so viele Männer Väter geworden und bestimmt hat da nicht immer gerade eine weiche Couch gestanden. Werners Gehirn schien im Badezimmer zurück geblieben zu sein, denn es war so eine seltsame Leere dort unter seiner prachtvollen Frisur vorhanden. Er war stark, war männlich, war potent, aber warum nun auch noch Vater?

„Ich muss mich bestimmt vor zwei Monaten auf dem Nachtschränkchen vergriffen haben, Hasimann. Da habe ich wahrscheinlich eine von den Schokolinsen erwischt, die auch dort lagen." klang leise und fast schon irgendwie mütterlich Petras Stimmchen wie von weiter Ferne an des Bauarbeiters immer noch gut funktionierenden Ohren.

Eine seltsame Stille lag plötzlich irgendwo im Wohnzimmer herum und plötzlich schien das Gehirn wieder frisch geduscht zum vorgesehenen Platz unter Werners zerfurchter Stirn zurückgekehrt zu sein.

„Ich werde mir dann morgen zwei Tage frei nehmen, mein Schatz. Wir müssen ja dann noch einiges besorgen."

Nun war Petra irgendwie in einem Schockzustand geraten und verschwand genau wie ihr Vorbild blitzartig im selbigen Badezimmer. Wahrscheinlich verschwinden alle neuen Väter und Mütter erst einmal im Badezimmer, zumindestens wenn sie einen solchen zum verschwinden notwendigen Raum in der Wohnung besitzen. Was Bad-lose Menschen da machen, müsste noch allerseits von Fachleuten erforscht werden. Mit leicht geröteten Hasinnenäuglein kam das Weibchen dann etwas verstört zurück gehoppelt und saugte sich in alter Manier am Hasenvater sogleich wieder für Stunden fest.

Es wurde dann noch eine kurze, sehr kurze Nacht. Ohne viel Worte und ohne die nun nicht mehr notwendigen Schokolinsen.

Am nächsten Tag noch vor Öffnungszeit standen zwei Menschlein verträumt Hand in Hand vor dem Babyausstattergeschäft und waren dann bis zur Mittagsschließung des Ladens damit beschäftigt, einen telefonisch bestellten Kleintransporter mit allem Notwendigen gut zu füllen.

Der nun werdende Vater renovierte das bis dahin für sich genutzte Computerzimmer, bastelte die IKEA-Kinderzimmermöbel fachmännisch zusammen und dann konnte der kleine Martin in sieben Monaten endlich erscheinen.

Humor ist, wenn man trotzdem lacht

Es war noch etwas duster draußen, als Weierbaum den Wecker klingeln hörte. Durchs Fenster glotzte mürrisch der neue Tag. „Es schneeregnet!" brummelte Weierbaum in seinen nur stoppelhaft vorhandenen Bart. Er hatte seinen freien Tag und rollte sich sofort wieder wie eine Katze zusammen. „Du hast es gut." gähnte bis zu ihren süßen Ohren seine Frau, während sie sich unter der warmen Bettdecke noch kurz mal küssenderweise nach ihren „Dickerchen" umdrehte und dann widerwillig aufstand.

„Leider" knurrte der Dickerchenmann, obwohl sich doch jeder an seinem freien Tag wie ein Schneekönig freut. Er wälzte sich auf seinen angeborenen Bierbauch, um sein allgemeines Wohlbefinden zu überprüfen.

Es ging ihm wirklich nicht schlecht. Nichts puckerte, keine Weltuntergangsstimmung im Kopf und tief in ihm schien sogar ein gewaltiger Frühstückshunger zu lauern. Weierbaum war ja schließlich immer noch kein Dattergreis, wenn er auch manchmal im Bett einen schmerzenden Wadenkrampf bekam – verflucht noch eins.

Weierbaum sprang fast wie eine schwangere Antilope aus dem Bett und hüpfte auf und ab, bis der Wadenkrampf sich irgendwo anders hin verzogen hatte. Anschließend legte er sich aber doch noch mal auf sein rechtes Schlappohr und hörte, wie seine Frau und die beiden Söhne mit hohen, munteren Stimmen die Wohnung verließen. Nur Paulchen war etwas besser heraus zu hören, denn seine Knabenchorstimme schwenkte schon mit zehn Kinderjahren etwas vorzeitig, aber biologisch bedingt unüberhörbar zu einem männlichen Bass ab. Die Wohnungstür fiel gut hörbar ins Schloss, wohin hätte sie denn sonst schon fallen können.

Holterdipolter sprang nun Weierbaum die Treppe aus dem Obergeschoss des kleinen Reihenhauses hinunter. Ein lautes männliches Lachen hüpfte in den Morgen hinaus und für einen winzigen Augenblick zog das Mistwetter draußen den Schwanz ein.

Weierbaum grinste traurig in sich hinein. Nun war er beinahe völlig allein in der Wohnung. Bis auf die Katze und den dazu passenden Wellensittich. Bis auf seine ganz kleine Enkeltochter und deren Mutter, seine schon etwas erwachsenere Tochter, die alleinstehend ihren eigenen kleinen Haushalt in dem gemeinsamen Häuschen hatte. Es war ja genügend Platz im Haus, hatte damals seine Frau festgestellt und wo sie recht hatte, hatte sie nun mal recht. Weierbaum opferte sein eigenes Computerhobbyzimmer und schleppte seine Spielmaschine in eine Ecke im Keller, wo Spinnen und Mäuschen Weierbaum beim Formel-1 Rennspiel applaudierend über die Schulter sahen.

Einsam im Nebel zu wandern – ging es dem bärigen Mann durch den Schädel und er lachte innerlich grimmig auf. In seiner Wohnung war nun mal kein Nebel. In seiner Wohnung war Haushaltstag. Er wollte nicht mehr humoristische Geschichten schreiben, denn keiner in der Familie nahm ihn mehr ernst. Aber ab heute wollte er ernst genommen werden. Auch von seiner eigenen Frau. Und von seinem Bruder, dieser Bohnenstange, der ihn immer für Dick und Doof in einer Person hielt. Weierbaum wollte den einen freien Tag von Maloche nutzen und wieder mal seinem wichtigsten Hobby frönen.

Er wollte wieder mal etwas zu Papier bringen.

Weierbaum stöhnte tief in sich hinein. Er war absolut keines tragischen Gedankens fähig. Verbittert versuchte Weierbaum sich Raskolnikow vorzustellen, aber das Radio der schwerhörigen Frau Dunkelmann von nebenan grölte: „Über sieben Brücken musst du gehen!"

Kein Wunder, dass er schon wieder einen leichten Wadenkrampf bekam. So sprang Weierbaum leicht wadenverkrampft hinaus ins feindliche Leben, und lieb maunzend empfing ihn die Katze in der Küche. Nachdenklich schlang er fünf Butterbrote mit Erdbeerkonfitüre hinunter und trank zweieinhalb Tassen des für ihn lebenswichtigen

Bohnekaffees. Weierbaum liebte tief in seiner dunklen Seele, bis auf einige Napfsülzen und Mistbatzen, die Menschen. Er hörte sie vor allen Dingen gern lachen. Wer lacht, haut ganz bestimmt nicht – dachte der nun gut gefüllte Mann, drückte seine Zigarette auf der Untertasse aus und erschrak, als seine große Tochter die Küchentür aufriss.

„Ich geh mal schnell was einkaufen, Paps. Wenn die Kleine im Bettchen weint, gib ihr etwas Fencheltee und den Schnuller." rief sie und entschwand.

„In diesem verrückten Haus werde ich sowieso kein Dostojewski!" ‚sagte der zurückgelassene Hobbyschreiber zur Katze. Er war nun mal ein typischer Einsteiger ins Literarische. Dostojewski mit Schnuller war einfach undenkbar. Und Weierbaum hatte seit einigen Minuten diesen Babyberuhiger unbewusst zwischen seinen vollen Männerlippen. Die Wohnungsklingel riss ihn aus seinen tausend Gedanken, welche wie der Rauch seiner mittlerweile sechsten Zigarette seinem immer noch ungekämmten Schädel entfleuchten.

„Hei Papa, wir haben zwei Stunden Ausfall. Prima nicht?" Es war sein jüngster Sohn mit einem Schulfreund. Mit riesigen Mengen an frischen Wissen überladenen Köpfen taumelten sie an ihm vorbei und verschwanden im Kinderzimmer. Dort stießen sie seltsame tierischen Laute aus und warfen laut hörbar mit irgendwelchen Gegenständen herum.

Die Schule hat auch immer weniger Zeit, auf die Kinder aufzupassen – zischte es etwas verärgert durch seinen großen Männerkopf. Von der immer noch hungrig maunzenden Katze gefolgt, begab sich Weierbaum ins Abstellkämmerchen. Pfeifend ergriff er die grüne Blumengießkanne, um seine Lieblingspflanzen zu gießen, stolperte leichtfüßig über die hinter ihm ausgebreitete Katze, klemmte sich wieder gefangen die Gießkanne unter seinen rechten Arm und entnahm dem Kühlschrank einen kleinen Wurstzipfel. In diesem Augenblick begann die kleine Enkeltochter und die Türklingel Lärm zu schlagen. Weierbaum beendete sein künstlerisches Pfeifkonzert.

„Moment bitte!" rief er laut durch die immer noch verschlossene Wohnungstür und entnahm dem Heißwasserbad die nun notwendig gewordene Fenchelteeflasche. Die klemmte er gedankenverloren unter seinen noch freien linken Arm.

So öffnete er die immer noch klingelnde Wohnungstür. Im Schlafanzug. Es war ein hochmodischer Frotteestrampler, ein Weihnachtsgeschenk seiner Frau. Draußen stand Fräulein Schnurbauer von der Versicherung. Sie habe am Vortag keinen angetroffen.

„Ich wollte gerade meine Pflanzen gießen!" entschuldigte er sich, den Wurstzipfel für die Katze vorweisend, indes die beiden unbeaufsichtigten Jungen im Kinderzimmer hundsgemeine Schreie ausstießen und das kleine Enkelkind jetzt schon recht bedrohlich brüllte. Verängstigt stellte sich der gute Mann, Vater und Großvater blitzschnell den hochroten Kopf des Säuglings und die eventuellen Erstickungsanfälle desselbigen vor.

„Lachen kann die Kleine aber auch schon!" erklärte er etwas verstört Fräulein Schnurbauer an der weit offen stehenden Wohnungstür, da läutete das Telefon im Wohnzimmer.

„Es kommt immer alles auf einmal, nicht wahr?" lächelte er das hübsche Versicherungsfräulein in die nichts verstehenden blauen Äuglein, die verlegen irgendeine Melodie an der Wohnungstür zu summen begann. Er lief zum immer noch aufgeregt läutende Telefon, schrie etwas von – Moment bitte - in den Hörer und warf durch die von ihm aufgerissene Kinderzimmertür den beiden Jungen einen vernichtenden Blick zu. Im Vorübergehen steckte er dem Wellensittich - wegen der grünen Gießkanne unter dem Arm verrenkte er sich fast dabei – seinen rechten Zeigefinger durchs Gitter, ließ ihn gewohnheitsgemäß kurz zuhacken und lief mit der Blumengießkanne, dem Wurstzipfel und der lauwarmen Fenchelteeflasche, gefolgt von der aufdringlichen Katze ins Zimmer seiner Enkeltochter, um das unschuldige Würmchen erst einmal mit dem Schnuller zu besänftigen.

„Scccht, pscht, pscht!" machte Weierbaum mit seinem dicken, hochroten Kopf über dem Schreiwunder, schnupperte begeistert den Duft von Säuglingspuder und frischen Windeln und rannte zurück ans Telefon. Er drückte den Hörer ans Ohr und schrie, weil die beiden Buben einschließlich der Enkeltochter schon wieder zu brüllen begannen und die hungrige Katze jetzt auch schon merklich lauter miaute: „Ruhe, ihr Irrsinnigen!", worauf der Anrufer am anderen Ende unerkannt auflegte und Fräulein Schnurbauer etwas verstört von der immer noch offenen Tür in den Korridor blickte.

„Ich habe doch nur gesummt." äußerte sie sich verlegen und von keinem wahrnehmbar.

Glücklicherweise kam in diesem Augenblick Weierbaums große Tochter schwer bepackt vom Einkauf zurück. Er drückte ihr Wurstzipfel, Gießkanne und Fenchelteeflasche in die nach Ablage der Einkaufsbeutel frei gewordenen Hände, stürzte etwas verworren über die gerade wieder dumm herumstehende Katze, schlug im Fallen mit seiner hohen Denkerstirn auf das Schuhschränkchen im Flur und zog sich damit eine leichte Platzwunde zu.

„Es tut überhaupt nicht weh!" stöhnte der geplagte Mann und lachte seltsam ins Gesicht von dem geduldigen Fräulein von der Versicherung. Seine große Tochter und die Versicherungsdame, welche beide über einen Führerschein verfügten und somit einen Kurzlehrgang in Erster Hilfe absolviert hatten, widersprachen sofort und energisch. Sie legten dem geschundenen Mann in der folgenden halben Stunde einen komplizierten, stahlreifenartigen Kopfverband an, den er dann längere Zeit nachdenklich im Flurspiegel betrachtete. Wegen plötzlich heftig einsetzender Kopfschmerzen musste Weierbaum das Kunstwerk noch vor der heißersehnten Heimkehr seines Eheweibchens wieder entfernen und siehe da, die Schmerzen verschwanden auch schlagartig.

Bis auf einige dunkelrote Striemen vom unbedingt notwenig gewesenen Verband und einer wunderschönen bläulich verfärbten Beule auf der Stirn sah man Weierbaum nichts mehr vom Scheitern seiner Tragikschreibversuche an. Er war heilfroh über diese Wendung und genehmigte sich aufatmend erst einmal eine Zigarette.

„Das hab ich mir gedacht. Immer noch im Schlafanzug und unrasiert! Du musst ja einen herrlichen Faulenzertag gehabt haben!" bemerkte seine abgearbeitete Frau als erstes beim Nachhausekommen. Zweideutig und etwas kleinlaut antwortete der Oberfaulenzer: „Ja mein Schatz. Du hast wie immer recht. Nur meinen Kopf habe ich mir ein wenig zerbrochen."

„Was dir auch immer passiert, du großes Kalb von einem Mann!" ‚rief sein Frauchen schon wieder in Aktion befindlich vom Elektroherd her.

„Gott sei Dank ist wenigstens was passiert. Wenn ich schon nichts geschrieben habe." ‚entgegnete ruhig und wieder sehr gefasst Weierbaum und ging, um endlich seine krummen, grünen Pflänzchen zu gießen. Einige blühten sogar.

Fräulein Schnurbauer ist dann gleich noch zum Essen geblieben und Weierbaum verschwand danach für einige Zeit im finsteren Keller.

Ich warte auf sie

Ich hatte mich wirklich sehr schön herausgeputzt. Mein guter Festtagsanzug hing an meinem Knochengerüst von Körper, als ob ihm der notwendige Wind aus den Segeln genommen war, wo er doch nur zwei- bis dreimal im Jahre benutzt wurde. Ansonsten hing das beste Stück Klamotte mit Mottenkugeln gespickt in der finstersten Ecke meines Kleiderschrankes und wäre bei offener Schranktür bestimmt schon vor Kummer über sein Schattendasein aus dem dritten Stock gesprungen. Ein als bügelfrei beschildertes Hemd auf meiner ärztlich bestätigter Hühnerbrust strahlte in bester Frische und in einem Weiß, welches bestimmt nicht weißer ging. Sonst wäre es nämlich gar nicht mehr vorhanden. Bügelfrei ersparte sozusagen ein Bügeleisen und nicht zu vergessen, die eventuell notwendige Feuerwehr, falls man dieses einmal in geistiger Umnachtung vergaß auszuschalten. Ganz gegen meine Gewohnheit, die drei einsamen Brusthaare auf der oben schon angedeuteten Brust allen ständig kundtun zu müssen, hatte ich mich mit einem vorgebundenen Schlips fast selbst erdrosselt, aber ich wollte heute einmal unbedingt Eindruck schinden.

Gestern hatte ich sogar noch auf die schnelle nach freier Besichtigung von ca. 136 Paar Schuhen und einigen von meiner unscheinbaren Anwesenheit plötzlich nervös herumirrenden Verkaufleuten, ein Pärchen Salamander erstanden. Natürlich war ich im Schuhgeschäft und nicht im zoologischen Garten, was denken sie denn!

Die gute, fast wasserdichte Armbanduhr, die eher eine Handgelenkuhr war, stellte ich vorsichtshalber auch gleich noch auf die richtige Zeit und entfernte in diesem Zusammenhang durch kräftiges Schütteln auch noch das restliche Badewasser vom letzten Vollbad vor zwei Tagen. Es sollte ja nun wirklich nichts schief gehen. Zwei doppelte doppelte Wodka sollten mein seelisches Gleichgewicht etwas gerade richten und mich zumindestens von innen heraus ungemein stramm erscheinen lassen.

Dann stürzte ich ohne größere Knochenbrüche die Treppe hinunter und die Haustür schlug mir freundlich in meinen Rücken. Im Eckladen an der Ecke erstand ich nach einigen Krokodilstränen einen aus Mitleid stark reduzierten Strauß Vergissmeinnicht, denn diese Blumen trafen genau mein wichtiges Anliegen. Das schöne Sträußchen verschwand ganz unauffällig in der noch leeren rechten Jackentasche und harrte dort der Dinge, die hoffentlich noch kommen sollten. Auf dem weiteren Weg in den Tag überprüfte ich noch mal gewissenhaft, ob nach dem Kauf der Blümchen noch etwas Kleingeld in meiner schon recht löchrigen Geldbörse vorhanden war und nach längerem Suchen fand ich dann doch noch etwas. Das war ja nun wirklich wichtig für mein heutiges Vorhaben. Der Treffpunkt war mir gut bekannt und lag bloß zweimal um eine Ecke, es waren natürlich zwei Ecken, aber ich glaube, man sagt das einfach so. Ich war nicht allein mit meiner Idee, denn einige mir sogar vom Äußeren schon gut bekannte Leidensgenossen waren wie immer um diese Zeit auch erschienen.

So viele waren es aber bisher noch nie und es erinnerte fast schon an eine mittlere Demo von Gruppierungen verschiedenster Volksschichtungen. Ein Blick auf mein manchmal für ein bis zwei Stunden am Stück funktionierendes Zeiteisen zeigte mir an, dass ich drei Minuten zu früh erschienen war. Am nicht mehr blauen Himmel machten sich schlagartig bösartige düstere Wolken breit und ließen binnen weniger Sekunden mich und Gott sei Dank auch die anderen Wartenden ihre weittransportierte Feuchtigkeit spüren. Um es etwas bildlich darstellen zu können – es waren einige Badewanneninhalte und wir sahen anschließend zumindestens alle gleichmäßig erbärmlich aus. So wie das Wasser von oben gekommen war, so schnell war es auch wieder vorbei und keiner von uns hätte nun erklären können, ob er immer so herum liefe oder nicht.

Mein gutes Anzugteil hing an mir herunter, als ob ich mit ihm mal so kurz und nur so zum Spaß im Stadtbad ein paar Fitnessrunden gedreht hatte. Aber es tröstete mich zumindestens dahingehend diese totale Durchfeuchtung, dass mein Strauß Vergissmeinnicht auch etwas davon abbekommen hatte, und Blumen brauchen ja bekanntlich hin und wieder etwas Wasser.

Dann kam sie. Ich konnte mich endlich für all die Jahre bedanken.

Pünktlich wie immer. Der Straßenbahnfahrer hat mich beim Überreichen des nun leicht zerknitterten Strauß Blumen so seltsam angeschaut, aber ich kann doch nichts dafür, dass bei den öffentlichen Verkehrsmitteln so wenig Frauen herumfahren.

Ein fast neuer Mensch

Schon seit einiger Zeit hatte ich den Spiegel aus unserem Badezimmer entfernt und rasierte mich nur noch nach Gefühl. Es hatte damit begonnen, als ich mich eines morgens vor ungefähr zwei Wochen beim Blick in das besagte Doppelbild vor etwas fürchterlich erschreckt hatte. Am Anfang konnte ich diesen Schreck noch nicht perfekt in meine Gehirnwindungen einordnen, aber am dritten Schrecktag wurde es mir doch langsam klar.

Ich hatte mich vor mir selbst erschrocken und zwar so gewaltig, dass mein rechtes Auge leichte nervöse Zuckungen bekam. Im Spiegelbild war es natürlich das linke Auge, aber es ist ja im Prinzip egal ob es nun rechts oder links zuckt. Das zuckende Auge erinnerte mich von da ab den ganzen Tag daran, dass ich meine Kopfauswüchse unbedingt wieder einmal vom Fachmann oder –frau aufarbeiten lassen musste. Da ich mich aber wie meistens in meinem Leben nicht sofort dazu entscheiden konnte, entfernte ich vorerst einmal den Spiegel.

Als aber vor zwei Tagen nach einem heftigen Gewitterregen ich um meine Birne, zumindestens nach Meinung von meinem verständnisvollen Weibchen, wie ein abgefrakter Foxterrier aussah, holte ich mir einen baldigen Termin beim Barbier von Sevilla. In drei Tagen konnte ich mal reinschauen und mich nach den neuesten wissenschaftlichen Erkenntnissen auf Hochglanz bringen lassen. Die Nächte träumte ich nur noch von irgendwelchen ausgefallen Kopfbedeckungen.

Dann war ich aber wirklich dran.

Gegen 16.30 Uhr begab ich mich auf dem kürzesten Weg über die Kneipe an der Ecke, zwei kurzen Kurzen und drei Bierchen mit trotzdem noch etwas zittrigen Knien und leichtem Druck unter der ungepflegten Schädeldecke zur unausweichlichen Modellierung meines oberen Körperteils. Ich nahm dann nach freundlicher Aufforderung der kühlen

Blonden in dem modernen Folterstuhl für Schere und Fön Platz.

Die gut gebaute Mitarbeiterin der Einrichtung zur Vernichtung überschüssiger Kopfpracht machte auf mich einen sehr beruhigten Eindruck, was man von mir bestimmt nicht behaupten konnte. Die süße Scherenfee erklärte mir etwas von öfters gehen und miserablen Zustand meiner Haarsträhnen. Sie legte mir dann immer noch so freundlich lächelnd einen Plastikschlabberlatz um meinen selbst gewaschenen Hals, vielleicht sollte ich noch eine Henkersmahlzeit bekommen. Auf die Frage der Haardompteuse, nach der Wunschfrisur für die nächste Zukunft musste es dann aber heraus:

„Dauerwelle?!"

Meine modebewusste und bescheidwissende Ehehälfte hatte mir dieses ans männliche Herz gelegt, denn es wäre jetzt Mode und würde mir mit meinen blöden Fusseln besser stehen oder so ähnlich. Welcher Mann hört nicht auf seine liebe Frau.   Welcher??!!

Nach dieser Offenbarung musste sich meine Blondine erst einmal in einer Ecke leise tuschelnd mit ihren zwei Kolleginnen beraten. Vielleicht war sie noch in der Ausbildung oder so. Im Spiegel konnte ich dann so seltsame Lächeln in den Gesichtern der drei Fachscherenschwingerinnen entdecken. Mir war nun nicht mehr ganz wohl in meiner kompletten Körperhaut und ich überlegte schon, ob ich mir die Härchen nicht bloß mal schnell von zarten Weibchenhänden durchwaschen lassen sollte. Dann aber gab es kein zurück mehr und ich befand mich in der Gewalt der heran gewippten Haarkünstlerin.

Wenn ich je nur geahnt hätte, was nun alles auf mich zukommen sollte, wäre ich wahrscheinlich lieber ein bis zwei Runden ums Viertel gelaufen und hätte meiner lieben Frau etwas von Friseusenstreik oder so erzählt.

Aber es gab nun kein zurück mehr, wenn ich mein Gesicht wahren und nicht morgen in allen Tageszeitungen als Feigling oder Friseurhasser dargestellt werden wollte. Vereinzelte Schweißtropfen machten sich spontan auf meiner hohen Stirn bemerkbar. Diese sollten aber sofort wieder verschwinden, denn als erstes wurden mir meine, meiner Meinung nach, perlsauberen Kopffusseln gewaschen und dann etwas mit der Schere bearbeitet. Nach diesem Abschneidevorgang hätte ich ja theoretisch wieder davon eilen können, aber jetzt sollte die Sache erst mal Hand und Fuß bekommen, mehr aber noch eine unübersehbare Schar von hölzernen Röllchen auf meinen Kopf.

Mittlerweile war ich bestimmt per Telefon schon im Umkreis von zwei Kilometern im Stadtgespräch, denn vielleicht war der Wunsch über diese Haarbearbeitung beim männlichen Geschlecht doch nicht so häufig vertreten. Nach einem längeren Rollvorgang meiner widerspenstigen Kopfauswüchse um diese schon erwähnten Röllchen sah ich im Spiegel wie ein Wesen aus einer anderen Galaxie aus und verstörte Männergesichter rechts und links von mir bestätigten es irgendwie. Nun folgte das Einlegen meiner komplett gerollten Haarpracht mit einem seltsam stinkenden Schaum und ich hatte das Gefühl, dass sich meine Kopfhaut nach und nach auflöste. Auch meine Kopfbearbeiterin hatte schon leicht gerötete Äuglein und einen immer noch so seltsamen Gesichtsausdruck. Aber verbissen wollte mir sie es recht machen, ich sah ihr das ganz klar im Spiegelbild an. Nachdem sie dann meine wie Feuer brennende Birne total eingeschäumt hatte, bedeckte sie meine Graulichkeit mit einer hässlichen Plastikhaube und diese dann aber Gott sei Dank auch noch mit einem alles verdeckenden Handtuch. Ich sollte nun schön still sitzen bleiben, wahrscheinlich dass die Röllchen auf meiner brennenden Platte nicht durcheinander kommen konnten. Diese steife und verkrampfte Sitzhaltung musste ich dann mir wie eine Ewigkeit vorkommende Zeit ertragen, dann wurde nach einem vorsichtigen fachfraulichen Blick unter die Handtuch-Plastik-Kombination diese gut wärmende Kopfbedeckung wieder entfernt. Zusammen mit den Röllchen wurden meine Haare dann schon wieder gewaschen, vielleicht blieben diese Holzteile jetzt auch für alle Zeit auf meiner Schädeldecke. Mir war, als ob ich von allen Seiten wie ein seltenes Tier betrachtet wurde. Auch wenn ich nicht überall hinsehen konnte, fand ich mich wie inmitten einer großen Arena und als Schauobjekt vorgeführt. Nach diesem wiederholten Waschen betupften die zarten Scherenschneidehände meine ganz persönlichen Holzkopfteile mit einer wieder bestialisch stinken Lösung. Es musste wieder einwirken und ich ließ es fast willenlos zu. Nach einer Tasse Kaffee, welche man mir versöhnlich zugestand, trat die Haarkunstexpertin wieder an meinen Folterstuhl, spülte die ganze Einwirkung von meinem Oberteil und dann wurden die Röllchen endlich doch wieder entfernt. Ich sollte doch nicht mit einem Holzkopf herum laufen müssen. Der Stein, der dann zu Boden fiel, hinterließ ganz bestimmt ein ziemlich tiefes Loch im Friseursalonfußboden.

Ich konnte nach einer kurzen Handtuchrubbelei wieder holzlos in den Spiegel vor mir schauen und ich sah wie ein blonder Afrikaner aus – wo es blonde bei diesen Völkern in Natura bestimmt nicht gibt. Jetzt ging es aber sofort außerirdisch weiter, denn ich bekam einen Raumfahrthelm übergestülpt und konnte in dem warmen Luftstrom, welcher mich dann von oben durchrieselte fast ins Träumen kommen. Als ich dann nach einem kleinen Dämmerschlaf und nach dem Entfernen der Raumfahrerausrüstung meine nun schon recht müde gewordenen Deckel von meinen Augen hob, fragte ich den Mann vor mir nach seinem Namen. Er hatte wahrscheinlich irgend eine seltene Papageienkrankheit, denn er machte mir wirklich alles nach. Nach einigen Augenblicken des Erwachens aus dieser totalen Verwirrung war mir dann doch wieder mein Gehirn zurück gekommen. Ungläubig sah ich in die Runde und erntete seltsamerweise ringsum nur zustimmendes Lächeln und freundliche Gesichter. Ich wurde allgemein als gelungen befunden und ich schaute mir selbst noch einmal tief in die eigenen Augen.

Das war doch tatsächlich ich – einen total neuen Mann hatte man aus mir gemacht und ich würde bestimmt einen neuen Personalausweis bestellen müssen. Wahrscheinlich lässt mich meine Frau nun auch als fremde Person nicht mehr zu sich hinein.

Wer weiß wozu das dann vielleicht doch noch gut wäre!

Der Geist ist willig, doch das Fleisch ist sauschwach

Der Mensch ist allgemein als Gewohnheitstier bekannt. Nun gut, auch Tiere gewöhnen sich an einiges und manchmal sogar an den Menschen, aber da ist das mit der Gewöhnung schon etwas komplizierter. Sogar bei der Kategorie Haustiere ist es oftmals ein langer und schmerzhafter Prozess, ehe man sich an einander gewöhnt hat. Erst wenn das sanfte Schoßhündchen von Angelika dem neuen zukünftigen Freund die Hose im Schritt drei bis viermal zerbissen hat, akzeptiert das liebe Tierchen den neuen Beglücker seiner scharfen, blonden Herrin. So kommt nur der Typ von Mann bei Geli so richtig zum Zuge, der diesen Härtetest mittels Haushundchen siegreich und Eunuchen-frei übersteht. Bei kleinen, supersüßen Kätzchen ist die Gewöhnerei Gott sei dank viel einfacher, denn die haben es nicht so sehr mit dem Beißen und meist viel kleinere Zähne. Es sei denn, man hält sich als Kätzchen die größeren Exemplare wie Löwen und Tiger. Aber auch kleine Kätzchen haben so ihre Macken. Scharfe Krallchen im Gesicht bedürfen schon schnell mal einen Schönheitskorrektor.

So weit, so schön.

Es gibt da zwar noch weitere Haustierchen wie Rindviecher, Hoppereiterpferde und natürlich die Schinken herumtragenden Schweinchen. Diese Arten von Haustiere werden aber sehr selten in Großstädten in irgendwelchen Zimmerecken gehalten. Zudem sind diese Tiergattungen meist sogenannte Herdentiere und wer bekommt ihn seiner 3-Zimmer-Eigentumswohnung schon eine kleine Herde von 3 bis 10 Kühe artgerecht unter. Vor allen Dingen, wie bekommt der liebe Nachbar dann nichts von der eigenen Milchproduktion mit.

Nun aber wieder zurückgeschweift zu den ganz oben erwähnten Typen von Gewohnheitstieren, dem Typus Mensch. Außer dass sich diese Spezies an diverse oben genannte (und weitere) Haustierchen gewöhnen kann, gewöhnt sich der Mensch im Verlauf seines Erdaufenthaltes an noch unzählige weitere wichtige und unwichtige Dinge. Er gewöhnt sich mehr oder weniger an seine Erzeuger und deren weiteren Produkten. Besser sind aber da diejenigen dran, bei denen die lieben Eltern schon nach dem ersten Testexemplar die Faxen dicke haben und einer der beiden Elternteile sich irgend etwas wegschnippeln lässt, um wenigstens Schlimmeres verhindern zu können. Aber auch so ein dann zwangsweise vorhandenes Einzelkind hat es nicht immer leicht, wie es sich die meisten der 3 – 5 Kinder besitzenden Großfamilien so vorstellen. Mit Geschwistern lernt man irgendwie zu leben und im Laufe der Zeit hat jedes der Kindermassen in der Familie seinen Platz irgendwo in der kleinen Dachwohnung gefunden. Als Einzelkind will man ja auch nicht immer ganz allein sein Lieblingsballerspiel auf dem Nintendo durchspulen und so muss man sich seine Freunde suchen, erkaufen und sich im schlimmsten Fall sogar erkämpfen. So hat nach einem uralten, wahrscheinlich noch viel älteren chinesischen Sprichwort jede Medaille eben seine zwei Seiten – und so muss halt jeder mit seinem eigenen Kopf durch die unzähligen Wände des Lebens. Mit mehr oder weniger Beulen.

Neidvoll muss man da auf unsere leicht unterentwickelten Neandertalervorfahren blicken, die sich zu ihrer Zeit vielleicht mal gerade an drei wichtige Dinge gewöhnen mussten. Das war das zugeordnete Weibchen, die neue Wohnhöhle in den Bergen und das ungenießbar zubereitete Mammut durch die Erstgenannte.

Nun hat ein sogenannter moderner und zivilisierter Mensch sich aber mit sehr viel mehr herumzuschleppen und natürlich heute eine Unmenge an, wie schon angedeutet, wichtigen und seltsamerweise unwichtigen Gewohnheiten.

Nun mal kurz einige unabdingbare Dinge in lockerer Folge, an die sich heute ein bestimmt bedauernswerter Mensch so im Laufe seines Lebens gewöhnen muss:

- die unvermeidbaren Eltern
- die nicht verhüteten Geschwister
- sämtliche tausend buckligen Verwandten
- die bildhübsche Kindergärtnerin

74

- wichtige und unwichtige Schul- und Hausfreunde
- das obere Doppelstockbett (oft bis zum 18.Lebensjahr)
- die verschieden geschlechtlichen Pauker
- die ersten zwei bis zwanzig Freundinnen/Freunde
- die erste eigene bejahte Ehefrau/-mann
- den immer schlecht gelaunten Chef /Chefin
- die steigenden Preise und die fallenden Aktienkurse
  (Liste ist in keinem Fall vollständig)

Nun gehören zum Gewohnheitstier Mensch aber
komischerweise auch Gewohnheiten, an die er sich rasend
schnell gewöhnen kann, auf die er aber auch gut und gerne
verzichten könnte (wenn er wollte). So zum Beispiel:
- den treuen Freund Alkohol
- die gelben Finger und den kalten Rauch danach
- drei bis vier Kannen Bohnenkaffee am Tag
- den 190-ziger Benz
- die vier Videorecorder und drei Flimmerkisten
- die anhängliche Geliebte/Geliebter
- das gute badische Essen
- der neue Job im Krematorium

Aber auch hier nur ein paar ganz wenige der unwichtigen
Dinge, an die sich das menschliche Wesen im Laufe seines
Lebens so gewöhnen kann. Die Vollständigkeit der
Aufzählung würde ganze Lexika füllen. Gewohnheiten haben
aber eine entscheidende Eigenschaft – sie kommen und gehen.
So z.B. der Ehepartner, das obere Doppelstockbett, die
bildhübsche Kindergärtnerin und die vielen
Freundinnen/Freunde.

Bei der zweiten oben angeführten Kategorie von
Gewohnheiten sieht die Sache mit dem kommen schon viel
schwieriger aus und vor allem mit dem gehen. Da ich aber
nicht für alle Gewohnheitstiere und deren tausend sinnvollen
und –losen Angewohnheiten sprechen kann und will, so
beschränke ich mich auf meine eigene bescheidene Person
und meine persönlichen Erfahrungen körperlicher und
seelischerseits mit der einen oder anderen Gewohnheit leben
zu können oder auch nicht.

Nach dem dritten bleischweren Kopf und dem damit verbundenen fast randvollen Eimer am näctlichen Bett habe ich dem Freund Alkohol etwas distanzierter gegenüber gestanden. Beim Bohnenkaffee bin ich auf eine gut gefüllte herunter gekommen und an einen 190-ziger Benz habe ich mich bisher gar nicht erst gewöhnt. Da sich die Elektronik in unserem Haushalt auch nur auf das von mir ordentlich bedienbare beschränkt, habe ich da auch noch voll den Überblick und kann mit dieser Gewohnheit ganz gut leben. Das Thema Geliebte will ich hier gar nicht erst weiter abhandeln, denn da habe ich noch heute gewisse Entzugserscheinungen und den männlichen Part habe ich mir vorerst einmal komplett ausgespart. Das Essen ist mir im Prinzip etwas egal, aber es ist schon irgendwie geil, wenn es Wasser im Mund zusammen laufend in der Küche duftet. Die Mikrowelle ist eben doch nicht die größte Erfindung unseres Jahrhunderts. Über meinen Job kann ich mich auch nicht weiter beklagen – klar würde auch ich gerne täglich faul daheim herum liegen und die Fliegen an der Wand zählen. Aber wenn das alle wollen?!

Sie werden beim aufmerksamen Lesen bemerkt haben, dass ich einen Punkt der oben kurz erwähnten unwichtigen Angewohnheiten ausgelassen habe.

Na ja, das hat so seinen Grund. Mit dem habe ich bisher ja auch meine größten Probleme – der allgemein weitverbreitete Freund Nikotin.

Über diese Gewohnheit und wie ich damit leben lernte, will ich nun mal nur ganz kurz berichten. Ob das nun dem einen oder anderen Leidensgenossen hilft oder nicht, das bleibt immer noch jeder ganz persönlichen Willenskraft allein überlassen.

Schon in früher Jugend hockte ich gemeinsam mit einigen tapferen Gleichgesinnten in einem sicheren Versteck und aus unseren minderjährigen Mündern, Ohren und Augen quoll der erste eigene Zigarettenrauch unseres Lebens. Erst quoll der Rauch, dann aber Sturzbäche von Krokodilstränen und diese, obwohl keinem von uns etwas so richtig weh tat oder einer einen deftigen Witz erzählt hatte. Die stundenlangen

Hustenanfälle und die dazugehörenden grün verfärbten Gesichter haben uns aber recht schnell für einige Jahre von der Freund-Nikotin-Angewohnheit befreit. Aber so ein Leben geht ja bekanntlich mit riesigen Schritten voran und so kam ich später mit einem eisernen Hut auf den kurz geschnittenen Haaren wieder an die teuflischen Glimmstängel. Dieses Mal war meine noch blitzsaubere Lunge viel aufnahmefähiger und die Freundnikotinangewohnheit hatte sich fest in meinem Leben eingenistet. Ich zog fast alles, was irgendwie qualmen konnte, in meine Atmungsbehälter ein und verlor so nach und nach den einen oder anderen Freund. Immer wieder habe ich mich dann in den unzähligen verrauchten Kneipen, Wohnzimmern und Marktplätzen meines Lebens gefragt, warum kaufst du dir für das Rauchergeld nicht lieber ein großen Eisbecher mit Früchten.

Na ja, ich weiß nicht?!

Wenn ich für jede Schachtel Glimmstängel einen mittleren Eisbecher inhaliert hätte, dann müsste man mich heute unter Umständen in der Mikrowelle durch auftauen wieder zum Leben erwecken. Aber in einem menschlichen Leben gibt es ja Gott sei Dank noch andere unwichtige und wichtige Dinge. Es kam wie es kommen musste. Es erschien in meinem nun aus den Kinderschuhen gewachsenen Leben ein Rasseweibchen auf meiner ganz persönlichen Bildfläche und ich musste mich entscheiden. Ein warmes Bett mit ihr oder die Zigarette im kalten Kohlenkeller. Ich habe nach zwei Tagen das warme Bett aufgegeben. Diese seltsamen weißen Stäbchen hatten die volle Macht über mich errungen und ich begann das erste Mal in meinem Leben an meinen gesunden Menschenverstand zu zweifeln. Mein Gott -dachte ich damals – wo hat sich bloß dein starker Wille hinverzogen?

Zu jedem Topf passt irgendein Topfdeckel – dieser Spruch sollte mir dann kurze Zeit später auch unterkommen. Ich fand nämlich in einer geschmackvollen und leicht abgedunkelten Tanzbar einen glühenden Glimmstängel und daran befindlich ein süßes Weibchen. Also gibt es beim sogenannten Geschlecht auch ein paar schwache Exemplare –ging es mir damals durch mein schon leicht vernebeltes Gehirn. Ich hatte

nämlich dem Freund Alkohol wieder mal ein klein wenig zugesprochen, aber wirklich nur ein klein wenig. Es kam wie es kommen musste, wir zwei ungleich geschlechtlichen Nikotinvernichter rauchten die erste Zigarette danach. Ich zog zu ihr. Oder sie zu mir? Ich weiß es nicht mehr genau. Jedenfalls mussten alle zwei Wochen die Sonnenlicht undurchlässigen Gewebevorhänge an den Fenstern wieder durchlässig gewaschen werden und mit dem Waschwasser hätte man u.U. ein bis zwei Quadratmeter Strasse frisch teeren können. Die weiße Farbe an der Zimmerdecke unserer gemeinsamen kleinen Liebeslaube verfärbte sich ganz ohne Pinsel und frischer Farbe zu einem dezenten Ockerbraun. Ich hasse ja sowieso weiße Zimmerdecken. Wir dampften und qualmten gemeinsam was das Zeug hielt und vergaßen dabei, dass es da noch andere Dinge zwischen Mann und Frau geben kann. So leicht frustriert über regelmäßige sexuelle Enthaltsamkeiten gingen wir zwei Gewohnheitstierchen dann doch bald unsere eigenen ausgelatschten Waldwege.
Das Spiel des Lebens ging also weiter und nicht immer würfelt man ja bekanntlich eine sechs. Es kam wieder mal über mich und meine Leistengegend. Die neue Lady wollte aber absolut keinen Klodeckel küssen, wie sie sich recht charmant auszudrücken versuchte und ich musste auf Grund meiner übermenschlichen Triebe im Beckenbereich irgendwie den Klodeckel entfernen.
Ich werde nun mit all meinem schriftstellerischen Können (na ja, Anfänger) versuchen, die darauf folgenden Qualen an wenigen Beispielen zu schildern.
Es begann alles an einem schönen Wochenende, Samstagnachmittags.
Ich durfte das erste mal zu ihr und hatte die letzten Zigaretten gut im Futter meiner Jacke versteckt. Es sollte nur die eiserne Reserve sein. Die erste Stunde ohne Suchtstöffchen war kein Problem. Ich sprang fröhlich in dem Wohnzimmer herum und lächelte immer wieder beim unruhigen Vorbeimarsch meine auf ihrer Couch sexy ausgebreiteten Auserkorenen ins gut geschminkte Puppengesicht. Nach ca. 63 Minuten verschwand ich blitzartig auf dem Klo, um ungestört und

bitterlich losheulen zu können. Mit leicht geröteten Augen belog ich die süße Mausi und erklärte meine eben verrichtete Notdurft. Ich lenkte mich in den nächsten zwei Stunden mit ihren bald von mir eroberten süßen Körper von meinem mittleren Suchtproblem ab. Dabei zu rauchen wäre sogar mir Kettenraucher nicht im Traum eingefallen. Danach war ich fest davon überzeugt, dass diese schöne Sache es eigentlich wert sein musste, lieber kiloweise Speiseeis in sich hinein zu stopfen, als dem Vater Staat Unmengen von Tabaksteuer in den Rachen zu werfen. Um einen sich bedenklich ankündigenden weiteren Suchtanfall vorzubeugen, vertrieb ich nach einem herrlichen heißen Bad gleich noch ein weiteres Stündchen mit der schönsten Ablenkung der Welt. Dann war aber auch beim wildesten Stier etwas Luft raus und ich leider etwas geschwächt in meiner Leistengegend. Nach fünf Schlaftabletten konnte ich dann wenigstens den Rest der Nacht ohne weitere Entzugserscheinungen und weiteren Forderungen seitens der süßen Sexymaus überstehen. Seltsame Alpträume von Kolonnen von Straßenbelag aufbringenden Menschenmassen und Rauch geschwärzten Feuerwehrleuten quälten meine Ruhe bedürftigen Nervenstränge während des ganzen Schlafes. Aber es gab einen Morgen danach und es gab immer noch den übermenschlichen Drang nach einer Zigarette zwischen meinen leicht vergilbten Fingern.

„Hallo Kläuschen! Wie geht es dir? Hast du gut geschlafen?"

„Super mein Hase. Super geht es mir." ,log ich mit zitternder Kaffeetasse, dass sich die Balken über unseren Köpfen nur so bogen. Als die Belogene für einen Augenblick im Badezimmer verschwand, entdeckten ihre mit zurück gekommenen scharf funkelnden Äuglein etwas dünnes, weißes zwischen meine ausgetrockneten Lippen. Gerade zitterte das Feuerzeug mit seiner erlösenden Flamme in Richtung Tabakträger, da wurde durch einen Körper und Wände durchbohrenden Kampfschrei die Flamme und das was entzündet werden sollte förmlich im Keim erstickt und zerbröselt.

„Klaus!!!"

Die Verpackung mit der Aufschrift – Rauchen gefährdet Ihre Gesundheit – und die darin befindlichen letzten fünf Suchtstäbchen wurden mittels übernatürlich starken Frauenhänden fast pulverisiert und ich bekam einen strengen Verweis. Ein seltsames Zucken im rechten Auge war die Folge und ich musste fünfhundert mal aufschreiben: ich rauche nie wieder . So war ich mehr oder weniger sinnvoll bis zum Mittagsmahl beschäftigt. Irgendwie schmeckte mir dann aber das wirklich liebevoll und herrlich duftende Essen nicht so richtig und die nächsten zwei Stunden nach dem hinunter gewürgten fünf Sterneessen konnte ich dann wieder mit meiner aufgetankten Potenz überbrücken, während das schmutzige Geschirr auf seine notwendige Behandlung warten musste. Der Sonntag war nun schon mehr oder weniger gut gelaufen und es gab einen herrlichen Schokoladenkuchen zum Kaffeetisch. Ich liebe Schokoladenkuchen und das schlaue Weibchen hatte mir dieses gut gehütete Geheimnis schnell aus mir herausgeholt. Und dann bin ich zu allem Überdruss auch noch ein leidenschaftlicher Koffeinvernichter. Sechs Stückchen Kuchen verschwanden irgendwohin in meinem zarten Körper und meine neue Flamme strahlte mich hocherfreut über ihr gelungenes Werk von gegenüber an. Ich strahlte zurück und die Radioaktivität im Wohnzimmer nahm schon lebensbedrohliche Werte an.

Dann urplötzlich wurde mein durchtrainierter Körper vom großen Zeh bis zu den Haarspitzen wie von einem Hochspannungsschlag getroffen und von seltsamen Zuckungen bis hin zu Krämpfen in der Wadengegend befallen.

Zum Kaffee und nach dem Kuchen fehlte etwas. Schweißströme bewegten sich von meiner hohen Stirn übers Gesicht und auch allen weiteren Körperpartien nach unten in ein Sammelbecken auf der Sonntagsnachmittagskaffeecouch. Ich hätte wohl besser vorher Pampers XXL anlegen sollen, dann wären die riesigen Wassermassen leichter zu beseitigen gewesen. Ich wollte meiner süßen Maus noch ein paar liebe Worte bezüglich Kuchen und Kaffee über den Tisch zukommen lassen, aber ich fühlte mich plötzlich wie zum Tode durch den Strang verurteilt. Sogar äußerlich musste ich nun schrecklich ausgesehen haben, denn Mausi rannte in wilder Hast zum Telefon, um den notwendigen Lebensretter zu alarmieren. Die zwei riesigen Spritzen, welche ich vom Notarzt in mein zartes Hinterteil gerammt bekommen habe, haben mich dann endgültig überzeugt. Nach einer Gedenk- und Schweigeminute war mir endlich klar geworden, dass keine Frau sooo sexy sein konnte, um mich vom Rauchen abbringen zu können. Ich werde mich nie wieder in Lebensgefahr begeben und vor allen Dingen hasse ich von Geburt an alles, was in meinen zarten Körper gestochen wird.

Die kleine Teufelin

Allgemein bekannt und sogar in gewisser, noch ein wenig umstrittener Form wissenschaftlich bewiesen, gibt es diese Erscheinung. Noch immer nicht in großen Versuchsreihen oder in Serie getestet, aber es existiert. Das Böse tief in unseren stark wasserhaltigen und mittlerweile bis in die Gene erforschten Körpern. In irgendeiner Ecke unserer 60 bis 80 kg Lebendgewicht hat es sich eingenistet. Fast alle Menschen kämpfen mehr oder weniger hilflos dagegen an, dass es diese Ecke verlässt und in volle Erscheinung tritt, aber unzählige arme Würstchen verlieren diesen ungleichen Kampf.

Nun wird aber bekannterweise jedes Lebewesen auf unserer Mutter Erde als ganz lieber und freundlicher Neuzugang geboren. Oder ist schon jemals ein Fall bekannt geworden, bei dem einem süßen Baby ein Waffenschein zugesprochen wurde. Was ist reiner und herzerwärmender als ein zahnloses und glatzköpfiges Lächeln? Sogar die Raubtiere im Zoo und manchmal noch irgendwo hinter einem Busch in Afrika ernähren sich anfangs durch saugen an der Löwenmutterbrust. Wenn da die kleinen Racker schon richtig raubtierisch wären, gäbe es schon lange keine einzige Löwenmutter mehr. Sogar ihren netten Wärter im Zoo zwicken die kleinen, süßen Fellknäule nur ganz lieb und vorsichtig in den rechten oder auch manchmal linken Zeigefinger. Später, wenn sich dann das Böse in ihnen breit gemacht hat, ist dann sehr schnell ein Arbeitsplatz im städtischen Zoo neu zu besetzen. Und Vater Staat spart sogar die später zu zahlende Rente, da der Wärter spurlos verschwunden ist. So könnte man doch sozialpolitisch mehr Zoos bauen und hätte vielleicht in 20 bis 30 Jahren die Arbeitslosigkeit gut und gerne fast halbiert. Sollte man in Berlin mal darüber nachdenken.

Soweit ein kleiner Abstecher ins Reich der aber allgemein schon als wild und böse abgestempelten Tiere. Anmerken möchte ich aber doch noch, dass sogar sogenannte harmlose Tiere wie der unscheinbare Regenwurm das angeborene Böse mit unter der Erde herumschleppen. Zumindestens sind genügend Fälle bekannt, wo diese Untererdbewohner den einen oder auch anderen Erdoberbewohner Mensch zu Tode erschreckt oder zu einer totalen Ganzkörperlähmung verholfen haben sollen. Statistisch irgendwo erfasst ist nicht nur das besonders schreckhafte weibliche Geschlecht davon betroffen, sondern auch bärenstarke Männertypen sollen schon schlagartig graue Haare dank eines plötzlichen erscheinenden Regenwurms bekommen haben.

Nun aber endgültig die vielfältige und allesamt böse Tierwelt beiseite gelegt und kommen wir doch mal wieder zu den privilegierten Erdbewohnern – den Menschen.

Bekanntlich wiegt ja ein neuer Mensch nie gleich achtzig Kilogramm und ist so um die 180 cm groß. Er fängt ja auch sehr klein und fast gewichtslos sein Leben an. Und er ist männlich wie weiblich – sehr süß und sehr lieb!

Nun ist so ein kleines Etwas von einem Mensch ja auch anfangs leider etwas gehandicapt. Im Gegensatz zu den kleinen, schon komplett als Raubtiere geborenen Löwen, besitzen die jungen Menschlein keinerlei Beißwerkzeuge und können somit nur auf ihrer Felge kauen. Somit sind die Menschenmütter anfangs etwas geschützter beim Füttern ihres Nachwuchses und werden nicht so oft in ihre Futtervorratsbehälter gezwickt oder gar herzhaft gebissen. Gefährlich wird die ganze Sache nur, wenn die Kinder noch im stolzen Alter von 25 – 30 Jahren zwecks Nahrungsaufnahme an die warme Mutterbrust gedrückt werden. Das soll aber bekannterweise nur noch in ganz wenigen Fällen vorkommen.

Aber nun spreche ich mal aus ganz persönlichen Erfahrungen, wenn ich von den kleinen, süßen Felgenbeißern rede. Schon von Geburt an haben diese kleinen, unschuldigen menschlichen Wesen so ein seltsames Funkeln in ihren angeblich anfangs noch nicht so richtig funktionierenden Sehorganen. Ich weiß wirklich, von was ich hier mit zittrigen Fingern schreibe und möchte meiner immer noch recht naiven Umwelt einige Warnungen mit auf ihren zukünftigen Nachwuchsweg geben.

Schon recht bald hat sich das anfänglich piepsige Stimmchen zu einem gewaltigen Brüller entwickelt und schon dieser Umstand könnte als der Anfang allen Bösen bezeichnet werden, das in jedem Menschen tief drin schlummert. Vor dem Gesetz sind diese kleinen Brüllwürmer ja noch lange nicht mündig und können somit auch nicht wegen seelischer Grausamkeit eingebuchtet werden, aber da sollte man bald mal auf höherer Stelle drüber nachdenken. Ich möchte hiermit nochmals betonen, dass ich mehrfach vorbelastet bin und somit bestimmt nicht irgendwelchen Stuss schreibe.

So weit, so schön.

Anfangs also ganz, ganz lieb. Kein Beißen oder Kratzen oder gar zum Messer greifen – nein im Gegenteil. Die süßen Kleinen genießen weltweit die Tausenden von Mütter-, Väter- und so weiter-Küßchen und sie warten auf ihre Stunde, die unweigerlich kommt. Sie saugen mit ihren Felgen, schreien die ganze Nachbarschaft zusammen und sie wachsen. Es wächst alles an ihnen. Die süßen Beinchen, die Fingernägelchen, die Zähnchen aus der Felge und es wächst der Verstand, denn die kleinen Unschuldslämmer lernen bewiesenermaßen sehr, sehr schnell.

Und das anfangs auch noch kleine, ganz kleine Böse in ihnen wächst zwangsweise auch mit und wird immer stärker. Nun muss man den Winzlingen von Menschen aber zu gute halten, dass sie doch noch eine ganze Weile brauchen, ehe sie eine Schwarzenegger-Figur erreicht haben. Somit haben sie es schon körperlich etwas schwerer als wir ausgewachsenen Exemplare gegen das Böse in sich ankämpfen zu können. Aber nichts entschuldigen oder verniedlichen.

Als Mann kennt jeder die Situation, wenn man vor dem lieben Frauchen flehend auf dem Boden liegt, um nach vier Wochen endlich wieder einmal das Zucken in der Lendengegend loswerden zu können. Unsere Winzlinge tun da bloß mal kurz einen gut geübten Schreier, schon springt die Mami und besorgt einen goldenen Schnuller. Das Böse ist nun mal da und die Kleinen genießen es allemal gut nachvollziehbar. Mangels körperlicher Kraft lassen sie das Untier in ihnen freien Lauf. So terrorisieren weltweit Tausende und

Abertausende süße Kleinen die körperlich zwar überlegenen, aber leider fürsorglich behinderten Ernährer.

Jetzt aber zur besseren Beweislast meiner Worte einige, zwar schon Gott sei Dank etwas zurück liegende, aber immer noch festsitzende Erinnerungen an unser eigenes kleines Monsterchen.

Anfangs hatte ich als männlicher Erzeuger unserer Tochter nur indirekt und mangels an biologisch bedingten unterentwickelten Futtervorratsbehältern nur aus einer gewissen Distanz mit den Auswüchsen der wirklich süßen Kleinen zu tun. Nun muss ich aber unbedingt noch einen wichtigen Faktor in der Entwicklung der lieben Kleinen ansprechen. Die Mutter. Da gibt es einige Erkenntnisse meinerseits, dass die Futterversorgerinnen und ich bin fest davon überzeugt – alle – einen großen Anteil an der Entwicklung des Bösen in den kleinen Würmchen haben. Solche Worte wie, „Na lass doch die Kleine" oder „Die macht doch nichts kaputt" usw. nehmen einem Mann schon ganz schön den wichtigen Wind aus den Segeln. Schlimmer wird es aber dann noch, wenn die kleinen Racker beweglicher werden und an alles und jedes mit ihren kleinen süßen Wurstfingerchen selbst ran kommen.

Etliche gut gedeckte Frischstücks- und Mittagstische wurden damals von unserer süßen Maus mittels sicherem Griff zum Tischdeckenzipfel komplett und mit wachsender Begeisterung abgeräumt. Mein Taschengeld wurde dann kurzerhand für die notwendigen Porzellanneuanschaffungen verwendet und ich hatte volles Verständnis. Ohne Widerrede – merken Sie etwas, liebe Leser?

Unzählige Sicherheitsmaßnahmen mussten getroffen und finanziert werden, damit die süße kleine Teufelin in den sicheren Griff zu bekommen war. Sämtliche Schubladen und Schranktüren in ihrer sich ständig ändernder Reichweite mussten mittels Spezialverriegelungen und meinen dürftigen handwerklichen Fertigkeiten in schlaflosen Nächten und ohne übermäßigen Lärm zu machen, gesichert werden. Regelmäßig konnte ich eines meiner nicht gerade billigen, guten Hemden in den Mülleimer entsorgen, da die Reinigung von Spinat-

und anderen bewusst verursachten Flecken bei der von mir ab und zu liebevoll übernommenen Raubtierfütterung teurer gekommen wäre, als eine Neuanschaffung von zehn Oberhemden im Pack und zum Sondersommerschlussverkauf. Dazu möchte ich aber feststellen, dass es heute dank jahrelanger Forschung durch wahrscheinlich selbst betroffene Väter bessere Reinigungspülverchen gibt und somit auch weniger Oberhemden im Mülleimer.

Vor allen Dingen sollte keiner die gut verborgene Intelligenz dieser unscheinbaren Krümelmonster unterschätzen und ich tue das schon lange nicht mehr. Sogar im technischen Bereich kennen diese kleinen Einsteins sich schneller aus, als so mancher ausgewachsener Großstadtmensch.

Der zur damaligen Zeit noch schweinisch teure Videorecorder lebte ganze zwei Wochen. Ich hatte es gerade geschafft, das komplizierte Teil mittels 25-seitiger Bedienungsanleitung und einigen schlaflosen Nächten richtig gehend zu programmieren und sogar die interne Digitaluhr zeigte die korrekte Zeit im Dunkeln leuchtend an. Unsere kleine Lady hatte mir dabei immer wieder neben mir auf dem Boden hockend teilnahmslos zugeschaut und sehr schnell mitbekommen, dass Papa ab und zu etwas in die schmale Klappe des Gerätes steckte. Die Filmchen haben meine Frau und ich uns aber immer erst am sehr späten Abend, wenn die kleine Technikerin tief und fest in ihrem Bettchen schlief und mit hochroten Köpfen angeschaut. Aber eine gut mit Ladyurin gefüllte Pampers in einer unbeobachteten Minute in diesen Schlitz gesteckt, bedeutete das komplette vorzeitige Ableben unseres abendlichen Vorfreudenspenders. Da unsere kleine Fachlady dieses feuchte Teil mittels zielgerichtet gedrückter Aufnahmetaste dann noch komplett ins Innenleben des Recorders befördert hatte, konnte die Werkstatt anschließend nur noch unzählige Kurzschlüsse und den Exitus des Gerätes feststellen. Garantieansprüche waren auch nach zwei Gerichtsverhandlungen nicht geltend zu machen. Meine verständliche Freude über dieses Ereignis hielt auch noch Jahre danach vor.

Ein letztes kleines Beispiel soll nun entgültig das Böse in dieser kleinen süßen Maus offen legen. Unsere liebe Muschi, was unsere sehr anhängliche und fast krallenfreie Hauskatze war, lebte schon einige glückliche Jahre vor der Geburt der kleinen Teufelin in unserem Heim und friedlich mit uns zusammen. Abends wärmte das große Fellbündel immer auf meinem Schoß liegend mein bestes Stück etwas vor. Nachdem unser kleiner, süßer Familienneuzugang mit ihren seltsamerweise schon recht starken Kinderhändchen der lieben Muschi zweimal fast den Katzenschwanz heraus gerissen und dem freundlichen Tier bei einem vorgetäuschten Küsschen herzhaft in die Nase gebissen hatte, ward Muschi nach geglückter Flucht aus unserem bis dahin friedlichen Heim nie wieder gesehen.

Das sind jetzt aber wirklich nur ein paar wenige, der noch weiteren unzählig gefolgten Beispiele, wie so etwas kleines Böses seiner verständnisvollen Umwelt zu schaffen machen kann. Um alle Schandtaten dieses minderjährigen weiblichen Wesens komplett aufzuzählen, würde das ganz bestimmt ein gutes Buch allein füllen und einem Erwachsenen mindestens 8 bis 12 Jahre seines Lebens hinter staatlichen Gittern kosten. Ich bin natürlich fest davon überzeugt, dass es da draußen in der düsteren großen weiten Welt noch mehr von meinen Leidensgenossen gibt und ich kann nur immer wieder an alle Regierungen der Welt appellieren:

„Schafft endlich die Minderjährigkeit ab!!!"

Petri Heil

Benno und Egon waren nun schon fast zehn Jahre stolze Träger einer nicht überall gern gesehenen Uniform. Als Mitarbeiter bei den allgemein bekannten Freunden und Helfern, auch im Volksmund als Polizei bekannt, taten die beiden tapferen Schneiderlein ihren hochqualifizierten Dienst bei Tag und sogar in der finsteren Nacht. Natürlich arbeiten irgendwo auch noch andere Dämliche irgendwo im dunklen der Nacht, da wären z.b. erwähnenswert Zahnarztbereitschaften, herumschnippelnde Chirurgen, Bardamen/Herren und noch einige weitere mehr oder weniger wachgebliebene Wachdienste. Nicht zu vergessen wären da aber noch einige gelangweilt an der Ecke stehende Damen, welche aber sehr arm dran sind. Die Ladys haben noch nicht einmal genug Kohle, um sich ein paar ordentliche Klamotten leisten zu können und so hat das Kleingeld bloß für etwas Unterwäsche gereicht. Die holen sich da bei minus zehn Grad Celsius schon mal schnell irgend eine Erkältung an ihrer nackten Oberhaut.

Aber nun bin ich schon wieder vom Thema abgeschweift und bin bei den schlecht bekleideten Damen an der Ecke hängen geblieben, obwohl doch Benno und Egon heute die Hauptpersonen sind.

Die beiden strammen Kerle schoben nun schon seit fünf Jahren gemeinsam ihren schweren Dienst und die Bordkanten in ihrem Revier waren von den schweren Polizeischuhen schon recht abgelaufen. Fast jeder Anwohner der zwei Straßenzüge, die sie täglich abtippelten, kannte das grüne Pärchen und scherzhaft oder auch nicht, hatte man die beiden auf Grund ihrer Figuren als Dick und Doof bezeichnet. Na ja, so sehr dick war eigentlich keiner von den Beiden. In ihrem Revier kannten sie jeden Stein und jeden der vier Sträucher in einen der vielen Vorgärten. Sie kannten ihre Pappenheimer und sie kannten auch einige der hier herumstehenden frierenden Damen.

Nun sollte es sich doch zutragen, dass sie gemeinsam zum Polizeichef bestellt wurden und das auch noch schriftlich. In den sechs Tagen bis zum bestellten Termin zerbrachen sich die beiden immer wieder ihre bemützten Schädel, was der große Boss wohl von ihnen wollte. Sie waren doch immer korrekt oben und auch unten bekleidet, hatten jedesmal vor dem Dienst ihre großen weißen Zähne geputzt und in ihre Dienstwaffen hätten die Ladys bei Bedarf als Schminkspiegel benutzen können, so blank waren diese geputzt.

Dann sollte aber ihr aussichtsloses Polizeikopfzerbrechen endlich ein Ende haben und sie standen in bester Uniform und Manier vor ihrem gemeinsamen Chef. Der lächelte sie auch noch so seltsam an, was sofort vier etwas weichgeknetete Kien verursachte.

„Guten Tag, meine Herren."

„Guten Tag, Herr Oberleutnant." ,kam es wie ein Polizeichor aus beiden blendenweißen Männermündern.

„Wie geht es Ihnen?"

Jetzt bloß nichts falsches antworten, dachten ihre angespannten Gehirne im Duett und wieder hörte der Chef den gut funktionierenden Männerchor: „Gut, Herr Oberleutnant!"

Dem Herrn Oberleutnant schien es zu gefallen, wenn es seinen Leuten gut ging, denn er lächelte gleich noch etwas breiter unter seinem gut gepflegten Oberleutnantsschnauzbart. Die Tür im Rücken der beiden sich wie zum Tode durch Dienstentlassung fühlenden wurde geöffnet und diese schupste Benno ganz freundlich in seinen breiten Rücken.

„Oh Verzeihung." ,flötete Fräulein Christenbauer, was die stramme Sekretärin des Bosses war und sie brachte etwas Papier und zwei Blumensträuße mit herein. Auch sie lächelte nun neben ihren Chef wie im Duett die beiden immer noch etwas ratlosen Bordkantenlatscher in die gut rasierten Gesichter.

„Na meine Herren. Sie haben heute immerhin zehn Jahre ihren treuen Dienst bei uns getan und zu diesem Jubiläum möchte ich mich für ihre gute Arbeit bei ihnen bedanken."

Zwei Löcher im Teppichboden hatten die zwei zentnerschweren Steinsbrocken aufgenommen, welche gerade aus den angesprochenen gefallen waren. Sogar Luft holen trauten sich die beiden überraschten Jubilare nun endlich auch wieder und man hörte eine gemeinsame zwei Kubikmeter Sauerstoffaufnahme.

„Danke" kam es nach dem Stück Papier von der strammen Schreibtischzerwühlerin nun doch etwas einzeln und noch immer recht verhalten. Auf der Übergabe-/Übernahmeseite gleichermaßen leicht gerötete Gesichter und die Lady stellte sich dienstbeflissen an eine der beiden Seiten ihres Chefs.

„Da staunen sie nicht schlecht, nicht wahr meine Herren? Wir denken eben an alles und wir haben ja schließlich auch unsere Computer für solche Erinnerungen, ha, ha, ha, ha."

„Ha, ha.", kam es von der beglückwünschten Seite und zweimal ha war ihnen standesgemäß zugestanden.

„Ihre Urkunden und Dankschreiben haben sie ja nun von unserer reizenden Frau Christenbauer bekommen" ein seltsames Lächeln in Richtung der benannten, „aber wir haben uns da noch etwas ganz Besonderes einfallen lassen, meine Herren. Da sie täglich einen anstrengenden Dienst verrichten müssen, haben wir gedacht, wir geben ihnen etwas für eine entspannende Freizeit mit auf ihre nächsten zehn Jahre Dienst bei uns, ha, ha, ha, ha."

Kein Lachen von den beiden zurück, sondern jeder ein großes Packet in den großen Polizeihänden.

„Danke, Herr Oberleutnant." ließ der gemeinsame Kloß im Hals gerade noch heraus.

„Bitte, meine Herren und viel Spaß damit, ha, ha, ha, ha."

Ob das nun aus- oder anlachen gewesen war, wird wohl nie ans Licht der Tage kommen und den beiden stolzen Polizeibrüsten war es auf dem Flur mit ihren großen Geschenkpaketen sowieso irgendwie egal. Unten im Dienstzimmer des Reviers angekommen, wurde unter den Augen der anwesenden Innendienstkollegen nach stenografischer Information über die Vorladung beim obersten Chef das Geschenkpapier mit zittrigen Männerhänden entfernt und dann gab es verschieden einzuordnende Bemerkungen von verschiedenen Kollegen. Zum ausgepackten Vorschein kamen zwei gut zusammengestellte Angelausrüstungen.

In den nächsten zwei Wochen beschäftigten sich zwei Polizisten in ihrer kostbaren Freizeit mit dem gemeinsamen Lesen von diversen Fachbüchern über Anglerlatein, Fluss- und Zackenbarsche bis hin zu Walfischen im nördlichen Eismeer. Sogar ihre Streifengänge wurden immer wieder ablenkend zur Fachsimpelei missbraucht. Die Theorie über Flugschnüre, Posen, Drillinge usw. saß nun endlich ganz fest in ihren getrennten Gehirnwindungen. Nun sollte es aber endlich am nächsten gemeinsamen freien Wochenende zur feuchten Praxis kommen und die Angelhaken im tiefen See vor der Stadt versenkt werden.

Gegen drei Uhr dreißig in der morgendlichen Dämmerung läutete Benno bei Egon, um ihn zum großen Fischfang abzuholen. Das zu dieser unüblichen Stunde Betätigen der Wohnungsklingel durch Benno hatte erst einmal die lautstarke Kündigung der familiären Freundschaft seitens Egons unerfreuten Frauchens eingebracht. Aber Angler beenden nun mal laut den Fachbüchern ihre Nachtruhe zu dieser goldenen Morgenstunde. Nachdem Egon etwas unsanft und seltsam verständnislos von seiner immer noch nicht beruhigten Ehehälfte mit samt seinem Fischfangzubehör vor die hinter ihm laut ins Schloss gefallene Wohnungstür gesetzt war, konnte es nun endlich siegessicher ans fischreiche Wässerchen gehen.

Eine gute Stunde gemeinsamer Autofahrt und die schon angespannt lauernden Angeln im Kofferraum und der große See lang in der Morgendämmerung vor ihnen. Nachdem beide ihre Angelschnüre ein paar Meter von den Angelschnurrollen abgespult und diese sogenannten Anfangsstücken durch die ebenfalls sogenannten Führungsringe der nach gerade einmal knapp zwanzig Minuten gemeinsam zusammengesteckten Glasfiberruten gefädelt hatten, konnten sie sich fast schon zu den Profifischanbetern zählen. Beide bemühten sich, bei ihren wichtigen Fischfangvorbereitungen immer die eingepaukten Fachbegriffe zu verwenden, denn das musste schon sein.

91

Nachdem die allgemein bekannten Posen befestigt waren, die Vorfächer ordnungsgemäß ihren Platz gefunden hatten, ging es an die wichtigsten Teile der Angelei – die Haken. Ein Schrei von Benno hatte den gesamten Fischbestand des Sees in einen anderen flüchten lassen und Egon musste mittels einiger Erstehilfekenntnisse aus der Literatur einen der sauspitzen und widerhakigen Eisenteile aus dem rechten Daumen von Benno entfernen. Ein gut durchbluteter Schnellverband zierte dann diese zerlöcherte Gliedmaße vom tapfern Bennilein und er ertrug die höllischen Schmerzen mit einem flüchtigen Dankeschönlächeln. Danach wurden ohne weitere Fingereinstiche seitens der superspitzen Angelhaken die vom Angelfachhändler wärmstens empfohlenen Fischköder über die verfluchten Haken gestülpt und nun sollte es endlich ins Wasser und zu den schon hungrig heraus schauenden Fischen gehen.

Wie es im Fachbüchlein so gut erklärt und sogar bunt bebildert dargestellt war, holten beide zum meisterlichen Überkopfwurf aus und die gespickten Angelhaken pfiffen durch die morgendliche Luft. Während Bennos Pose nun siegessicher auf dem See herumschwamm, konnte Egon seinen Angelhaken nach dem Besteigen einer gut gebauten Eiche hinter ihnen seiner vorgesehenen Bestimmung übergeben.

Beide saßen nun endlich nach knapp einer Stunde Vorbereitungsübungen am Wasser und ließen die Gummistiefel baumeln. Wie gebannt sahen vier Angleraugen auf zwei kaum noch zu erkennende rotweiße und vor allen Dingen wichtige Posen ca. zehn Meter vom Ufer entfernt auf dem Wasser treibend. Nach zwei Zigarettenlängen und einem doppelten Anglerschnäpschen ließ sich Egons Stimme vernehmen:

„Du Benno, was wird denn so eine Angelausrüstung so ungefähr kosten, he?"

„Na ich denke so drei bis fünfhundert Märkerchen."

Wieder etwas angespannte Stille über dem See der hungrigen Fische.

„Du Benno, was wird denn so eine Pose kosten, he?"

„Na vielleicht so zwei bis drei Märker, Egon."
Nach einigen Sekunden des angestrengten Überlegens:
„Na Gott sei Dank so wenig, Benno. Meine ist nämlich gerade untergegangen."
„Mach dir nichts draus Egon. Zieh raus. Wir machen eine neue dran, wir haben ja noch zwei oder drei Reserveposen dabei."
Egon zog den gewässerten Haken heraus und siehe da, die Pose war sogar auch noch dran. Aber das Häkchen war blitzeblank. Die Seebewohner schienen ganz besonders clever zu sein und hatten den Köder ganz vorsichtig vom Haken gefressen. Aber dieser Umstand konnte einen gut geschulten Angler nicht aus seiner frühmorgendlichen Ruhe bringen, also neuer Köder ohne Verletzungen angebracht und ein gelungener Wurf und schon war alles wieder bereit für den großen Fischzug. Egon hatte nicht sehr fest in seinen neuen Gummistiefel am Ufer gestanden, als es einen heftigen Ruck vom Haken her über die Angelschnur zur Glasfiberrute und schließlich bis zum Rutenhalter hin gab.
„Das muss wohl ein Wal sein Egon. Ich wusste gar nicht, dass es hier solche drin geben soll."
Es gab keine. Nur einen leicht durchfeuchteten Egon und eine abgerissene Angelschnur an der festumklammerten Rute. Als ob die Angelexperten mit dem schlimmsten gerechnet hatten, konnte sich der gewässerte Egon im Auto in trockene Zweitausrüstung begeben. Eines hatten sie sich aber theoretisch gut eingeprägt. Das wichtigste beim Angelvergnügen überhaupt. Das war Ausdauer und nochmals Ausdauer. Immer wieder hatten sie es schon gemeinsam daheim in Bennos Gartenlaube geübt, als sie stundenlang hinter der Gardine auf das endlich vollzogene völlige Entkleiden der scharfen Nachbarsgärtnerin warteten.
Nach vier Stunden Hakenwässerung und zwei gemeinsam verarbeiteten Schachteln HB setzte sich knapp zwei Meter neben ihnen ein kleiner Junge ans Ufer und der fing binnen weniger Augenblicke mittels eines Stücks Angelschnur an einem krummen Stock gebunden acht stramme Fischlein aus dem Wasser.

Benno verfluchte innerlich die superteure Angelausrüstung vom Chef und beide Spezialisten für Fisch- und Fangkunde packten ihre nutzlosen Fanggeräte still und heimlich wieder zusammen.

Der Angelzwerg hat sich dann aber über die zehn Märkerchen sehr gefreut und sich auch gleich noch erkundigt, wann die beiden denn wieder ans Wasser kommen wollen. Auf dem Weg zum auf einem Feldweg abgestellten Auto wurden die beiden Superfischer aber gleich noch mal je achtzig Mark los, als sie ein plötzlich aufgetauchter älterer Herr nach dem Angelschein fragte.

Das man für solch eine Angelei auch einen Ausweis brauchte hat keiner von den beiden grünen Angelfreunden in einen der vielen Bücher gefunden oder vielleicht haben sie es in ihrer Wissbegierde auch bloß mal kurz übersehen.

Jedenfalls schmeckten die preiswerten Fische daheim vom wieder beruhigten Egonfrauchen sehr herzhaft zubereitet, aber die Angelausrüstungen fanden einen guten Platz in einer hinteren Ecke in jeweils Bennos und Egons Kohlenkeller.

Es soll ja noch andere Hobbys geben, wie Segelfliegen, Skilanglauf und Wildgänse schießen.

Die lieben Untermieter

Untermieter als Oberbegriff der Formulierung können wechselseitig entweder gerade mal geduldet oder herzlich willkommen sein. Das Ganze hängt unvermeidbar sogar auch noch vom Geschlecht des besagten Langzeitgastes ab. So kann eine blutjunge Studentin der medizinischen Fachhochschule für den Hausherrn eine augenscheinliche Bereicherung sein, wobei die gleiche Person beim weiblichen Familienoberhaupt der Vermieterfamilie blanke Abscheu erzeugen kann. Die junge bildhübsche Unterbewohnerin könnte der Hausoberlady wieder mal vor Augen führen, dass sich leider doch schon ein paar Krähenfüßchen in ihrem makellosen Mittfünfziger Gesicht angesiedelt haben. Somit müsste sie unweigerlich über ihre Notwendigkeit in den vier bis acht Wänden der familiären Behausung nachdenken. Ein anderer Fall wäre dann ein Waschbrettbauch von einem Studenten der technischen Hochschule, der dem fassbäuchigen Biervernichter der Gastfamilie einige größere Komplexe verschaffen könnte. So wechselseitig die beschriebenen Konstellationen sich verschieden verhalten können, so gibt es aber bei den Untermietern noch eine Reihe ganz anderer Fälle. Die können sogar viel verheerendere Folgen haben, als die ungeplante Schwangerschaft einer ausgewachsenen Medizinstudentin. Die müsste sich ja vor allen Dingen da bestens auskennen, wie so etwas zustande kommt und könnte es dann fachfraulich beim allgemeinen Spaß belassen.
Aber es gibt in kleinen bis mittleren Reihenhäusern, wie wir z.Zt. eines bewohnen dürfen, noch ganz andere Untermieter, die sich sogar auch noch völlig unangemeldet häuslich niederlassen. Wenn dann sogar noch, wie bei uns überglücklichen Großstadtbewohnern, ein Stückchen unbetoniertes Fleckchen Erde hinter dem Haus für Blümchen, Bäumchen und Rhabarberblätter anwesend ist, dann sind der Untermieter noch viele mehr möglich.

Die unscheinbarsten, weil mikroskopisch sehr klein, sind da z.B. ein mittleres Heer von einigen Millionen Ameisen. Die marschieren dann ordentlich in Reih und Glied und mit aufgepflanztem Bajonett vom Wohnzimmerfenster, hinter der Schrankwand, durch gut versteckte Kanäle und Aufzugsschächte bis zur Zuckerdose im Hängeteil der rustikalen Küche. Das eine Pfund Zucker, welches die kleinen Krabbler pro Tag fein säuberlich entfernen, wäre ja nicht das allerschlimmste. Das Schlimmste ist dann meine Ellen, welche beim Anblick solch massiven Überfalls von Zuckerdieben lieber zehn Studentinnen vorziehen würde. Mit allen noch vorhandenen Kenntnissen aus dem Chemieunterricht wird dann den kleinen süßen Gästen klargemacht, dass der Zucker beim netten Nachbarn viel besser schmeckt und auch nicht ganz so weit zu tragen ist. Nach einigen Tagen hartnäckiger Ellen und überzeugten Krabbeltierchen verschwinden die fleißigen Zuckerträger für dieses Jahr, um im nächsten Jahr wieder zuerst unseren Zuckervorrat komplett zu entfernen. Jedes Jahr das gleiche unterhaltsame Spiel.

Eine andere Sorte von Krabbeltierchen hat dank des seit Jahren von mir geduldig ertragenen Putzfimmels meiner allerliebsten Ellenmaus gar keine Chance, seine langen Fühler auch nur in die Nähe unserer blitzsauberen Behausung zu stecken – die allgemein bekannten und beliebten Kakerlaken. Aber auf unserem großen Erdball und somit auch in unserer Gegend gibt es noch einige weitere allgemein erforschte Krabbeltierchen. Wenn meine süße Kochschürze das Ameisenheer gerade noch ertragen könnte, so weiß ich genau, wenn sich die ganze Nachbarschaft hilfesuchend nach dem lautstark erschallten Angstschrei meiner starken Ehehälfte an die hiesige Polizeidienststelle wendet, es ist wieder eine da. Eine lebensbedrohende und „riesige", eklige, Herzrasen erzeugende und böse, sehr böse Spinne.

Das über unsere Landesgrenzen allgemein bekannte Sprichwort, „Spinne am Abend erquickend und labend – Spinne am Morgen, bringt Kummer und Sorgen", kann man bei Ellen ganz bestimmt total und für immer vergessen. Ein

Spinne jeglicher Größe bringt meiner mutigen Ellen zu jeder Tages- und Nachtzeit nur Kummer und leichtes Herzkammerflimmern. Nun gibt es diese gefährlichen Tierchen in den verschiedensten Ausführungen und Größen. Es soll ja sogar giftige und Autoreifen große Exemplare geben, aber ich habe von diesen Tierchen in unserer Gegend leider noch keine mitbekommen. Aber für meine süße Ellen sind alle Tiere dieser Kategorie Krabbeltiere giftig und riesengroß.

So muss ich mich dann beim Erschallen des oben erwähnten Todesschreis meines Küchenwunders sofort meine stabile Ritterrüstung anlegen und das Ungeheuer mittels scharfen Schwerts und Axt zu Tode bringen. Da ich aber in der Tierwelt rund um unser Reihenhäuschen als Tierfreund und Umweltbeschützer bekannt bin, verzichte ich meistens auf Schwert und Axt. Ich entferne das langbeinige Krabbeltierchen mit all meinem mir angeborenen Mut und ganz vorsichtig mittels meiner blanken Männerfinger. Ich trage das mich dankbar mit seinen Facettenaugen und einer Freudenträne darin anschauende Tierchen, befördere es dann drei bis fünf Kilometer von unserem gefährdeten Grundstück weg und ermahne das nun gerettete Spinnentier noch unter Nachdruck sein Netz an dieser sicheren Stelle zu spinnen. Meistens hilft dieses gefährliche Unternehmen, aber im Laufe eines Sommers verirrt sich dann doch schon die eine oder andere ermahnte wieder in unsere Gegend. Ob es sich dabei um die eine oder doch die andere handelt, kann ich meistens nie zweifelsfrei erkennen. Ellenhasi darf dann wieder ihren in der ganzen lieben Nachbarschaft bekannten Todesschrei ablassen. Der Kreis schließt sich also wieder.

Vor einem Jahr im Wonnemonat Mai, also zur besten Spinnezeit, sollte dieser besagte Todesschrei aber gleich drei Straßen weiter als gewohnt zu hören sein und das hatte sich in etwa folgendermaßen zugetragen.

Es fing an diesem Abend also recht schön an. Ich meine, wie so ein Abend immer schön anfängt und nicht was sie gerade denken. Es waren nicht etwa irgendwelche der überall lauernden Frühlingsgefühle über uns hergefallen, sondern

Ellen hatte ihren Weiterbildungsabend mittels Dauerarztserien in der Flimmerkiste. Ich bin dann immer flüssiger als Wasser, also überflüssig, quäle ersatzweise dann meinen Personalcomputer (PC) in irgendeiner Form und bin vielleicht auch etwas leicht verärgert, denn Blut kann ich nun überhaupt nicht ertragen, ob nun live oder als Marmelade auf dem Bildschirm. Ich war also gerade dabei, die High-Score meines uralten Lieblingstetris zum wiederholtem Male zu knacken, als sich meine Finger vor Schreck schlagartig in der Tastatur verklemmten und meine Wunderkiste irgendwohin abstürzte.

„Klaus!!!!"

So laut hatte noch nie irgend jemand in meinen ganzen 52 Jährchen den mir aufgedrückten Namen gerufen.

„Klaus!!!! Komm doch mal schnell!!!"

Meine eingeklemmten Finger hatte ich Gott sei dank ohne weiteres Blutvergießen schnell aus der Tastatur befreit und ich kam und sah ein leichenblasses Hilfskrankenschwestergesichtchen.

„Was ist denn, mein Hase?"

Hase benutzte ich meistens aus einem mir immer noch unerklärlichen Gefühl zu Ellen, aber manchmal wirkte diese Bezeichnung meiner leicht molligen Herzensdame auch beruhigend auf ihre Psyche oder so ähnlich.

„Klaus", es starrten mich vom Sofa liegend zusammen mit Ellen zwei vor unsagbarer Angst weit aufgerissene, trotzdem immer noch süße Äuglein an, „hör doch mal, was dort oben ist!"

Ich lauschte mit weit aufgerissenen Radartüten und starrte einige Löcher in die Zimmerdecke, dann hörte ich das grauenvolle auch über mir. Irgendwo über uns in der hölzernen Zimmerdecke gab es seltsame Krabbelgeräusche. Nach meinem Allgemeinwissen bewegen sich Spinnen jeglicher Art eigentlich recht geräuschlos über unsere Erde und um unser Häuschen herum. Also konnte das über unseren zu Bergen stehenden Haaren keine Spinne sein, es sei denn, es war eines der von weit her angereisten und lebensgefährlichen drei Meter Durchmesser-Exemplare.

„Klaus",flüsterte nach einigen Gedankengängen mein süßer
Angsthase in meine immer noch lauschenden Ohrmuscheln,
„das ist bestimmt eine Maus."
„Eine Maus, mein Hase? Wo soll die denn herkommen?"
Das war natürlich eine besonders blöde Frage. Wo doch so
eine Maus von überall herkommen kann, so z.b. aus Pakistan,
den anliegenden Gärten oder sogar über den großen Teich aus
dem freien Amerika.
Es war wieder ganz ruhig über unseren sich wieder leicht
beruhigten Haaren. Vielleicht lauschte das Ungeheuer über
uns jetzt auf Geräusche von unserer Seite. Etwa auf das
Durchladen eines mittleren Maschinengewehrs oder das
Entzünden eines Lagerfeuers im Wohnzimmer, um das böse
Tier in der Zimmerdecke ausräuchern zu können. Sogar unser
faul im angestandenen Sessel pennender Charly hatte seine
drehbaren Ohren in die Geräuscherichtung gedreht. Charly ist
unser ausgewachsener und strammer Hauskater und in grauer
Vorzeit hätten wir dank seiner Anwesenheit bestimmt
keinerlei Probleme mit solchen Zimmerdeckenkrabblern
gehabt. Auf Grund von Katekitt oder wie das ganze sauteure
Superkatzenfutter auch immer hieß, war der Minihaustiger
total von Mäusen entwöhnt worden und somit wahrscheinlich
genauso ängstlich wie wir beide zusammen. Unser
verwöhnter Kater kannte dieses Katzennaturfutter
wahrscheinlich auch nur noch aus Brehms Tierleben oder so.
So blieb es beim ängstlichen Katzenohren spitzen. Ansonsten
hob das faule Tier noch nicht einmal seinen schwarzen
Hintern, um uns hilfreich zur Seite zu stehen.
Die wichtige Arztserie war noch am Laufen, aber für Ellen
gelaufen. Es kamen aber nun wirklich keinerlei seltsame
Geräusche mehr aus der Wohnzimmerdecke. Das vermutete
Tierchen hatte sich vielleicht auch nur ein Plätzchen zum
Ausruhen und einen kleinen Zwischenstop auf seiner
Wanderschaft nach Spanien gesucht.
Zwei Tage lang waren außer einigen ängstlichen Blicken
seitens Spinnenfeindin Ellen in Richtung Wohnzimmerdecke
keinerlei Krabbelgeräusche zu registrieren und so hatte sich

meine innere Vermutung wahrscheinlich bestätigt – der Zwischenstop nach Spanien.

Zwölf Stunden Nachtschicht können schon verdammt lang sein und da sehnt man sich nach einer warmen Lagerstätte für den ausgelauchten Männerkörper. Das sollte heute nicht ganz so schnell klappen. Als ich gegen 06.15 Uhr vor dem Haus das Auto einparkte, war das Gebäude von oben bis unten hell erleuchtet, obwohl mein Schlafhase eigentlich im Dunkeln der Nacht viel besser schlafen konnte.

Die Haustür öffnete sich dank passendem Schlüssel und ich starrte im Morgengrauen in ein mir schon einmal begegnetes leichenblasses Frauengesichtchen.

„Gut, dass du kommst!" ,hauchte mir ihr süßer Mund ganz, ganz leise in die saumüden Gehörgänge.

„Was ist denn los, mein Hase? Brennt es oder steht der Keller unter Wasser?"

„Sie ist wieder da. Unter der Couch."

Kater Charly hockte vor dem besagten Mauseversteck und vielleicht hatte er doch noch ein paar der uralten Instinkte in sich wiedergefunden.

„Hase, beruhige dich doch. Charly wird die Maus schon fangen und dann verspeisen."

Plötzlich und im Überschalltempo huschte etwas graues oder schwarzes unter der Couch hervor, quer durch das Wohnzimmer und es verschwand unter dem Fernsehrollschrank.

„Da! Da!!" ,Ellens Stimmchen überschlug sich wie eine Achterbahn und ich folgte mit etwas verwirrtem Blick ihrem rechten, etwas zittrigen Zeigefinger. Charly folgte diesem Fingerzeig ebenfalls und er legte sich mit wahrscheinlich schon tropfendem Zahn vor das neue Mauseversteck. Das winzige Tierchen war aber plötzlich sogar etwas mutiger als die ausgewachsene Dame im Raum und es lugte ganz vorwitzig aus seinem sicheren Versteck hervor. Charlys gefährliche Tatze sollten dem Unhold nun den Gar ausmachen, aber weit gefehlt. Ganz vorsichtig hielt das verklemmte Katzentier den Übeltäter mit seiner krallenlosen Pfote fest, aber das zumindestens, bis ich ihm das unscheinbare Fellspielzeug unter knurrendem Protest entreißen konnte. Das neue Spielzeug wollte der Kater nicht so einfach wieder hergeben.

Am dünnen Schwänzchen gepackt und unter strenger Aufsicht eines immer noch ausgebleichten Frauengesichts trug ich das winzige Feldmäuschen an die frische Morgenluft. Nach einem fünf bis sechs Kilometer Gewaltmarsch kam ich dann ohne Ungeheuer wieder nach Hause zurück. Den Weg zu uns nach Haus würde das winzige Tier bestimmt nicht wieder finden, vor allem, weil ich ständig im Zickzack gelaufen war.

Meine liebste Hasenfrau ist aber ansonsten nicht so ängstlich, das kann ich mit absoluter Bestimmtheit hier zu Papier bringen. Immerhin hat sie es mit mir versucht und immerhin schon über vier Jahre an meiner Seite durchgestanden.

Ein pünktlicher Kollege

Klaus-Bernd war ein überaus arbeitsamer und fleißiger Kollege. Es konnte ihm keiner im Betrieb auch nur die kleinste Schlamperei in seiner fast zwanzig jährigen Firmenkarriere nachsagen. Solche Arbeiter, wie es Klaus-Bernd war, werden in der Unternehmerlotterie als Hauptgewinn vergeben.

Er war an seiner Drehbank ein sogenannter Spitzendreher, aber er drehte bestimmt nicht immer nur Spitzen. Er war Träger der roten Mainelke und hätte beinahe die Doppelschnitte (für alle Berliner = Doppelstulle) erfunden, wenn ihm nicht der große Erfinder Werner Doppel zuvor gekommen wäre. Klaus-Bernd war eben ein flotter und aufgeschlossener Mann. Der allgemein vorhandene tägliche Stress ging trotz seiner Hartnäckigkeit spurlos an ihm vorüber und das Lächeln der Mona Lisa schien Klaus-Bernd ins Gesicht tätowiert zu sein. Bloß eines gab es doch, was sogar einen Mann wie Klaus-Bernd aus seiner angeborenen Ruhe bringen konnte.

Das war jegliche geschmierte Wurst auf seinem täglich mitgeschleppten Frühstücksbrot.

An einem Montag hatte es ihn dann unbarmherzig erwischt. Beim Öffnen seiner Frühstücksbrotfrischhaltedose entdeckte er einem Belag aus Leberwurst zwischen den Brotscheiben seines Morgenmenüs und er warf sein Mitbringsel laut fluchend komplett in den nächsten Mülleimer. So sollte es nun täglich bis Donnerstag weiter gehen und seine Arbeitskollegen gerieten schon leicht ins allgemeine Stutzen.

Am Freitag entfernte er erst gar nicht das Frischhaltepapier von seinem mitgebrachten Frühstücksbrot, sondern feuerte das ganze Paket wieder laut fluchend in den nebenan stehenden Mülleimer.

„Willst du denn überhaupt nicht erst mal nachsehen, was du auf dem Brot drauf hast?" ,sein sehr um ihn besorgter Meister hatte sich recht zurückhaltend zu Wort gemeldet.

„Ich weiß doch was da drauf ist, Paul."

„Wie kannst denn du das denn ungesehen wissen, Klaus-Bernd?"

Die Runde der Kollegen am Pausentisch hatte einen gemeinsamen Gesichtsausdruck aufgelegt – fragend.

„Na, weil ich mir die Brote seit Montag immer selbst mache. Mein Weibchen ist bei ihrer Mutti zum Kurzlehrgang für Rundstrickwaren in Heimarbeit."

Allgemeine Bestürzung sollte die Frühstückspause dann schlagartig beenden.

Der beste Spitzendreher aller Dreherzeiten hatte aber noch eine weitere gute Eigenschaft. Er war die Pünktlichkeit in Person und das schon seit seiner Geburt. Er kam pünktlich wie vom Gynäkologen vorher gesagt am 13.Mai zur Welt, bloß drei Minuten zu spät, weil er sich mit den Ohren bei der stöhnenden Mutter etwas verklemmt hatte. Aber jeder Glückspilz hat mindestens einmal in seinem Leben eine der vom Friseur nicht abgeschnittenen Pechsträhnen.

So erging es dann auch im wahrsten Sinne über Nacht bei dem Helden der Geschichte.

Am letzten Wochenanfang sollte Klaus-Bernd in die Reihe der vom Stress geplagten Mitmenschen rings um ihn herum aufgenommen werden. Ein seltsamer Traum von Fußball spielenden Drehbänken und mit Engelsflügeln herum fliegenden Leberwurstbrote hatte ihn in der Nacht zum Montag schon ganz schön belastet. Dann tönte der immer genauso wie sein Herrchen veranlagte, gewissenhafte Wecker und Klaus-Bernd sah wie jeden Morgen mit kritischem Blick auf die rötlich im Dunkeln schimmernden Ziffern, er glaubte nun mal nicht alles, was auf dieser Welt so abging.

Er sah dann aber mit nun schlagartig total aufgeweckten Dreheraugen gleich noch einmal genauer hin und seine Körperbehaarung stand sofort senkrecht auf deren Oberfläche. Sein sonst recht stabiler Blutdruck drohte schon seine Hauptschlagader zu sprengen und er stand sofort senkrecht im Ehebett. Frauchen Sybille hatte wie immer ihren Bärenschlaf bei sich liegen und ließ sich in diesem Zustand noch nicht einmal von einer drei Meter über ihr fliegenden B 707 erwecken.

Der verdammte Wecker zeigte ihm seltsam schelmisch lächelnd die Zeit von 05.30 Uhr mittels der vorhandenen zeigenden Ziffern an. Unser Held der Woche war es aber seit Jahr und Tag gewohnt um 05.00 Uhr aus den warmen Daunenfedern zu kriechen. Sein ganzer Organismus hatte sich auf diese Zeit eingestellt, was Klaus-Bernd sofort am übermäßigen Harndruck in der Blase merkte.

Er würde zu spät auf Arbeit kommen! Schon der Gedanke daran ließ die ersten Tröpfchen des Blasendrucks ins Nachtgewand gelangen. Er brauchte mit dem immer zuverlässigen VW-Käfer genau 20 Minuten bis zum Werktor und diese Zeit war Ampel genau aufgeteilt. Formel-1 Fahrer war der Drehbankkünstler ja nun wirklich nicht und so blieb ihm nichts anders übrig, als die verlorene Zeit im häuslichen Ablauf wieder etwas gut zu machen.

Nachdem er wie von der Tarantel gestochen ins Bad gestürzt war, entledigte er sich der leicht befeuchteten Schlafanzughose und ergoss in den dafür vorhandenen Behälter den Rest seines Nachtvorrates an flüssiger Notdurft. Im Bettanzugoberteil putzte er sich dann im Eilzugtempo seine siebenundzwanzig Zähne, wusch sich den Restschlaf mit einer handvoll kaltem Leitungswasser aus den unruhigen Augen und zog sich die Schlafanzugshose wieder über. Mit einem Kamm versuchte er dann die immer noch fast senkrecht abstehenden Kopfhaare zu bändigen und griff ein zweites Mal zur elektrischen Zahnbürste. Seine doppeltgeschruppten Beißer blitzen ihn im Spiegel freundlich an und die Nachtwäschehose wurde zum zweiten Male von seinem leicht zittrigen Körper entfernt. Ein unten ohne Lauf ins Wohnzimmer brachte ihn zu seiner Arbeitswegbekleidung. Die Jeanshose war superschnell übergestreift und fühlte sich nur so seltsam kalt auf der männlichen Haut an.

Die darunter gehörende Hose, deshalb wahrscheinlich auch Unterhose genannt, fehlte vorerst und so war die Jeans auch gleich wieder auf dem Boden gelandet. Nun standen die Kopfbehaarungen wieder in die Senkrechte und mussten erst wieder mittels im Flur befindlichen Zweitkamm in Ordnung gebracht werden. Die Jeans war nun endlich wieder an seinem

Körper, aber irgendwie seltsam eng geworden. Unter der blauen Hose befand sich die mitgeschliffene Nachtwäschehose und das Unterhöschen lächelte immer noch vom Abends abgelegten Platz.

Die morgendliche Superblase drohte auch schon wieder mit etwas überhöhtem Wasserdruck und so war ein zweiter Gang zum Wasserklosett nicht zu verhindern. Die Zeit rann ihm förmlich durch die nervösen Finger. Nun aber wieder entleert flott zurück ins Wohnzimmer und nun das Unterhöschen an seinem Platz befördert. Die Jeans zum drittem Male an ihrem Platz gebracht und dann die Nachtjacke unter dem bereits übergestreiften Oberhemd entfernt. Die Igelfrisur vor dem Spiegel im Flur in Ordnung gebracht und die Schuhe über die nackten Füße gezogen. Frühstück musste auf Grund der auf ihn wartenden Drehbank sowieso ausfallen, also die Schuhe nochmals über die nun darunter befindlichen grauen Socken gezogen. Seitens seines Darmausganges machte sich ein unbändiges Gefühl bemerkbar und er wollte ja nicht mit persönlicher Duftnote in der Hose durchs Werktor traben. Also wieder Sturz zum Badezimmer, unten wieder frei gemacht und den Stadtwerken etwas Arbeit in der Kläranlage verschafft.

Die Frisur war schon wieder in die Senkrechte geraten und stand etwas nervös zuckend, wie nun auch schon sein rechtes Auge, in Richtung Zimmerdecke. Schon wieder Unter- und Oberbehost saß er etwas Luft holend auf der nicht mehr notwendigen Klobrille und ein nicht aufzuhaltender Weinkrampf erschütterte den gestandenen Drehbankspieler. Dieses leise Schluchzen hatte seltsamerweise die Bärenschläferin nebenan aus den Winterschlaf gerissen und sie kam ganz verstört zu ihrem Häuflein Elend auf der Klobrille gelaufen.

„Was ist denn los, mein Schatz?"

„Ich habe verschlafen und bin jetzt fix und fertig, Sybille." ,schluchzte der ausgewachsene Mann ihr entgegen.

Frauchen starrte ihn an, dann den Wecker und anschließend noch die Zweituhr im Wohnzimmer. Mit einem seltsamen Blick, der an ein vom Blitz getroffenes Hochlandrind erinnerte, kam die bessere Hälfte von Klaus-Bernd wieder zurück ins Bad. „Entschuldige, Klaus-Bernd. Ich habe den Wecker gestern Abend wahrscheinlich etwas falsch gestellt. Im Wohnzimmer ist es erst 03.45 Uhr." Die Hochspannung im Badezimmer hätte jetzt wahrscheinlich für einen mittleren Stadtteil als Stromversorgung für eine Woche gereicht und Klaus-Bernd stürzte an seinem verstört herum stehendem Weibchen zum Radio ins Wohnzimmer. Er glaubte nun gar nichts mehr. Der nette Sprecher im Funk verkündete dann direkt ins rechte Ohr des Ungläubigen: „Es ist gerade 03.50 Uhr und wir bringen jetzt für alle Frühaufsteher den Hit aus den 60-zigern – Wenn ich morgens früh aufsteh`."

Ein leichter Nervenzusammenbruch bescherte der Firma dann für eine Woche eine leere Spitzendrehbank und ihren gewissenhaften Spitzendreher.

Jeder Anfang ist schwer

Ferdinand konnte mittlerweile schon auf eine stattliche Anzahl von hinter sich gelassenen Lebensjahren blicken. Er war ungefähr einunddreißig Jahre jung. Das kam daher, dass man ihm dieses Alter nicht ansah und es lediglich durch seinen Ausweis zu belegen war. Er hatte sich wirklich gut gehalten und er gab einen soliden und strammen Junggesellen ab, der weiß was er in seinem Leben will – keine Frau. Nun kann man nicht sagen, Ferdinand hatte keine Beschäftigungen in seiner kostbaren Freizeit. Nein im Gegenteil, da gab es dererlei sehr viele. So saß er zweimal in der Woche bei seinem Stammtisch, füllte sich seine entwicklungsfähige Bierwampe und droscht die Skatblätter, was das Zeug hielt. Dann war da noch sein Aquarium aus der Kinderzeit, wo inzwischen schon das zehnte Guppypärchen seinen gepflegten Lebensraum gefunden hatte. Zu guter Letzt war aber dann noch sein Computer. Nächtelang zockte Ferdi, wie ihn immer ganz führsorglich seine Mama nannte, an seinen Lieblingsspielen Tetris und Bombermann herum und Ferdi hatte Internet. Er hatte auch jeden Monat eine stattliche Telefonrechnung, was aus dem häufigen interneten zu Stande kam. Sogar im Chat war der begabte Ferdinand schon mal ab und zu gelandet. Bloß hielt es ihn dort nicht sehr lange aus, denn die Weibchen auf der anderen Seite der Leitung machten immer oft so zweideutige Angebote, dass der junge Mann mit hochrotem Kopf sich lieber wieder ausklinkte.

Er brauchte nun wirklich keine Frau, denn er hatte ja für so etwas überhaupt keinen Draht und vor allen Dingen keine Zeit, Außerdem hatte er ja noch die liebe Mutti und die war immer noch sehr besorgt um ihren kleinen großen Jungen. Sie achtete täglich darauf, dass der Sohnematz immer gut geputzte Beißerchen hatte, seine Schuhe in der Morgensonne blitzten und vor allen Dingen sorgte sie für sein leibliches Wohl. Mutti hatte aber in dieser Beziehung Gott sei dank schon vor ca. achtundzwanzig Jahren von Grießbrei auf

Schnitzel umgestellt und so war ihr Ferdi zu einem stattlichen und gut genährten achtzig Kilo-Mann herangewachsen.
Aber auf Grund seiner Jungfraulichkeit hatten ihn die lieben und vor allen Dingen Frauen erfahrenen Arbeitskollegen schon einige Male durch schmutzige Witze und andere Anzüglichkeiten in Richtung Weiblichkeit zu lenken versucht. Aber vergeblich.
Das hätte außerdem nur seine liebe Mutti geschafft.
Eines Sonntagsnachmittags, als Ferdi gerade das fünfte Stück hausgebackenen Käsekuchen verdrückte, verschluckte er sich an einem Bissen ganz gewaltig. Nachdem Mutti die Übereste des Käsekuchenspuckens vom Wohnzimmertisch entfernt hatte, hörte es Ferdi schon wieder. Mutti hatte es was von alt genug und endlich heiraten geredet. Der durch das Spucken vorerst hochrote Kopf bekam sofort eine vornehme Blässe.
Muttilein hielt einen längeren Fachvortrag von der Notwendigkeit oder so ähnlich und sie erinnerte ihren weibchenlosen Jungen daran, dass er ohne seinen verstorbenen Vater auch nicht auf dieser schönen Internetwelt wäre.
Nachdem Ferdi alles geschluckt hatte, den vielen Bohnekaffee, die fünf Stück Käsekuchen und die mahnenden Worte der Mami, brachte er seinen leicht verwirrten Kopf durch fünf bis zehn doppelte Weinbrand wieder auf den nötigen Durchblick. Er bat dann schon mit etwas schwerer Zunge um noch etwas Bedenkzeit und die verständnisvolle Versorgerin gewährte ihrem Sohn noch ganze drei Monate.
In der Zwischenzeit wollte sie eine Heiratsanonce für Ferdinand in die Zeitung setzen, da dieser sich sicherlich nicht auf natürlichem Wege einem weiblichen Wesen auch nur auf drei Meter nähern würde.
So stand dann eine Woche später groß und gut leserlich abgedruckt im hiesigen Tagesblatt:
Jg. Mann, 31, sehr ruhig, gut auss., s. Mngls. Mlk, nettes Mäd., m. häusl. Sinn und müttl. Liebe
Es kamen sogar auch einige Zuschriften und Mutti hatte es sich nicht nehmen lassen, die geschriebenen Texte einer Vorauswahl zu unterziehen. Eine ihr ganz besonders

zusagende hatte sie dann heraus gefischt und sie dem Ferdi auf dem Frühstückstisch gelegt.

Mit leicht zitternden Händen hatte der junge Mann diesen Brief dann mindestens zwanzig Mal gelesen und er schlief sogar schon Nachts mit dem Papier unter seinem weichen Kopfkissen. Leider hatte die auserwählte kein Foto mit beigelegt und so musste Ferdi seine Phantasie etwas spielen lassen und die Lady nach dem im Brief beschriebenen Aussehen zusammen basteln.

Mutti hatte ihm dann vorsorglich einen Antwortbrief diktiert und er sich nun schriftlich mit diesem Unheil verabredet. Einige unruhige Nächte und wilde Träume trennten ihn dann noch von dem Chaos.

Nun war der Tag der ersten Verabredung gekommen. Nachdem ihn die liebste aller Mütter noch mal von oben bis unten durchgecheckt hatte, steckte sie ihrem starken Ritter noch eine rote Nelke an sein Jackett. Das sollte das verabredete Erkennungszeichen sein, damit man sich auch irgendwie aus allem heraus fand. Die Dame sollte ihrerseits im verabredeten Cafe auf dem von ihr besetzten Tisch eine gut bekannte Illustrierte zu liegen haben. Daran sollte das tapfere Schneiderlein seine Erstausstattung erkennen können. Mit Pudding-weichen Knien stolzierte Ferdinand oben rum etwas steif gefroren mit einigen weiteren roten Nelken in Form eines Blumenstraußes in der schweißtropfenden Hand in Richtung seines Verhängnisses. Es kam ihm vor, als ob die Eingangstür zum Cafe irgendwie zugenagelt war oder aus purem Beton gefertigt worden sein musste. Mit seiner ganzen Bärenkraft stieß er sie schließlich auf und hatte das schwere Teil auch gleich wieder in seinen breiten Rücken. Ferdi atmete etwas kurz und heftig und sein Herzschlag ähnelte dem eines mittleren Schiffsdieselmotors. Die Oberbekleidung schlotterte an seinem schlotternden Gliedmaßen und man konnte annehmen, der unerschütterliche stehe in einem leichten bis mittleren Orkan. Der freundliche Ober hatte solche Erscheinungen wahrscheinlich schon öfters erlebt und die Frage nach dem Wunsch des Hierseins beruhigte Ferdi für einige Sekunden.

Ferdi erklärte kurz und sachlich und sogar ohne ins Stottern zu kommen sein Ziel und der nette Ober hatte verstanden. Vielleicht hatte der gute Mann schon unzählige Junggesellen verstanden. Er führte Ferdinand in eine hintere Ecke des Cafes, wo ein kleiner runder Tisch mit zwei Stühlen und einer anheimelnden Beleuchtung zu finden war.

Auf diesem kleinen Tisch entdeckten Ferdis nervös zuckenden Augen auch die besagte Zeitung und eine nicht auf diesem befindliche Frau. Nach einer etwas übertriebenen Verbeugung, wie es der junge Anfänger immer im Fernsehen mitbekommen hatte und bei der er sich fast auch noch seine hohe Stirn auf der Tischplatte zerschlug, stellte er sich, wie daheim mit Mutti eingeübt, vor.

Als sich die Lady höflicherweise von ihrem Platz erhoben hatte, konnte Ferdi ihre ganze Mütterlichkeit in voller Größe betrachten. Er sah eine etwas überrundliche, gut genährte blondierte Brünette mit sehr weiblichen Vorbau unter der strammen Bluse vor seinem unruhigen Augen.

Etwas verkrampft und kantig ließ sich der junge Rittersmann auf den noch leeren Stuhl nieder und er versuchte seine etwas zittrigen Männerhände irgendwohin zu verstecken. Er bestellte dann mit einem seltsamen Kloß im Hals für sich das erste und für seine Gegenüber das fünfte Stück Sahnetorte und zwei frische Kännchen Bohnenkaffee.

Nun saß er da, war mit seinem drallen Schicksal allein und das erste Mal in seinen einunddreißig Lenzen einem weiblichen Wesen (außer Mutti) näher als knapp sechzig Zentimeter. Der flotten Strammen umgab ein Duft von einer frischgemähten Sommerwiese und er fühlte sich wie in den Bayrischen Alpen versetzt.

Nun sollte der Knabe aber die nächsten zwei Stunden erst einmal nicht zu Wort kommen, denn Isolde, wie sie sich flötend vorgestellt hatte, erzählte ihre dreißig Bändige Lebensgeschichte. Die bestand in der Hauptsache aus ihren verflossenen fünf Ehemännern, den drei hilflosen Kindern und der wunderschönen Vierzimmerwohnung am Stadtrand. Ferdi sollte also der sechste werden und ein seltsames Gefühl kroch von den Zehen über den Rücken und machte sich dann unter seiner Schädeldecke seinen Platz. Als die Gute dann noch vom häufigen Kaffeekränzchen und vom Kirchgang zu erzählen anfing, wollte der Ferdinand schon sofort seine lange Beichte ablegen, wobei er dem Pfarrer von seiner Verfehlung im Stadtcafe erzählen wollte. Die kleine Mollige musste ein Tonbandgerät verschluckt haben, und sie holte auch bloß alle fünf Minuten einmal neue Luft in die großen Lungenbläschen. Nach zwei Stunden war sie immer noch am Quasseln und Ferdinand auf dem fluchtartigen Weg zu Mutti.

Wenn alle weiblichen Wesen so sind – dachte er noch auf dem Nachhauseweg – dann bleibe ich doch lieber beim ruhigen und netten Muttchen.

Die Rechnung über acht Stück Sahnetorte und sechs Kännchen Kaffee wurde ihm dann auch noch nach Haus nachgeschickt.

So blieb Ferdi vorerst bei Mutti und noch ein wenig Junggeselle und wenn er nicht vor Mutti gestorben ist, dann ist er es wahrscheinlich auch noch heute.

Anfängerpech- und Glück

Lange hatte sich Peter gehalten. Fern von jedem Standesamt und allen Gotteshäusern. Nicht dass Peterchen, wie er einmal vor langer grauer Vorzeit von seiner Mutti genannt wurde, völlig ungläubig durch sein aufregendes Leben trabte. Ganz im Gegenteil. Er glaubte fest an sich und seine eigenen Fähigkeiten. Vor allen an die, wenn es um die holde Weiblichkeiten ging. Peterchen war sehr rasch zum Peter weiterentwickelt und für die lieben Erzeuger des ehemaligen Wonneproppen eigentlich zu rasch.

Wahrscheinlich, höchst wahrscheinlich hatte schon seine frühe Schulzeit den kleinen Mann in seinem aufreibenden Hang zur Weiblichkeit geprägt. Die herrlich gefüllte Zuckertüte war ihm bei seiner Einschulung aus den starken Knabenhänden gerutscht. Nicht das dem kleinen Knaben seine Muskelkräfte verlassen hatten, denn da hatte er dank beständigen Babyflaschen stemmen schon im Säuglingsalter gut vorgesorgt. Es war der überwältigende Anblick seiner Mini-berockten Klassenlehrerin, die dem an einigen wichtigen Körperstellen noch etwas unterentwickelten Schulanfänger weiche Knie beschert hatte.

Eine verdammt sexy Lady war das Fräulein Stipfermann, Peters erste Lehrerin und dann noch die erotische Stimme beim A, E, I, O, U lernen. Vielleicht sollten die Minister für Bildung mal darüber diskutieren, ob man in allen Grundschulen nur solche Fräuleins anstellen sollte. Dann würden die Knaben doch viel lieber in die Schule, als nur darum herum gehen.

Peterchen war aber von dieser Zeit an auf die Weiblichkeit eingeschossen. Natürlich hatte er auch einige gleichgeschlechtliche Freunde. Die brauchte so ein Junge ja schließlich auch, um mit unzähligen Lausbubenstreichen seine Kindheit etwas aufpeppen zu können.

Aber Weibchen hatten eine seltsame magische Anziehungskraft auf den Möchtegerncasanova. Wie der

Zeiger im Kompass sich zwangsweise nach dem zugehörigen Pol drehen muss, so erging es Peters Kopf, wenn eine langbeinige kurzröckige Lady über seinen Kindheitsweg wanderte.

Na ja, er konnte biologisch noch um einiges unterentwickelt den vielen angebetenen nichts wichtiges bieten und so schmachtete der kleine Junge jahrelang in einem immer größeren Höllenfeuer. Mit knapp vierzehn Jahren sollte sich das aber über Nacht und sogar für den mittlerweile schon leicht aufgeklärten Jungen überraschend ändern. Etwas drückte in der engen Jeanshose und machte sich anfangs recht unangenehm bemerkbar. Aber wie schon angedeutet, wusste der schlaue Knabe schon etwas bescheid und konnte dank einer schon gut entwickelten Handgelenkmuskulatur dem unangenehmen Problem angenehm begegnen. So konnte der entwickelte Knabe sich einigermaßen einige Zeit über Wasser halten.

Die erste kommt aber nun mal dank höherer und noch recht unerforschter Naturgesetze für jeden. Und dann kann man die dürftigen Kenntnisse aus dem Sexualunterricht voll vergessen. Was nützt da schon, wenn man weiß, dass Jungen einen Penis und Mädchen eine Vagina haben, wenn man nicht weiß, wie man damit in der Praxis umgehen muss.

Theoretisch hat jeder Knabe im fortgeschrittenen Kindesalter auch schon einmal den einen oder anderen Schweinkramfilm des Vaters heimlich begutachtet, wenn der intelligente Junge den Sicherheitscode am Videorecorder geknackt hatte. Es sah auf dem Bildschirm ja alles ganz einfach aus und es gab im Leben eines Menschen bestimmt kompliziertere Angelegenheiten.

An Anettes langen blonden Zöpfen hatte der Peter schon vor einigen Jahren immer wieder mal herum gezogen und die kleine süße Lady hatte diese ungeschickten Annäherungsversuche natürlich völlig falsch verstanden. Aber was lange zupft wird endlich gut, oder so. Und Peter zupfte wirklich lange. Sein ohrfeigen- geschädigter Knabenkopf war wahrscheinlich aus bestem Stahl gefertigt.

Die Zeit des Zupfens war nun aber endgültig vorbei und Peter war in die Zeit der schmerzenden Handgelenke gewachsen. Seit zwei Monaten zupfte er nicht mehr, sondern schrieb nun fast täglich kleine heimliche Liebesbriefe an seine erste große Liebe – an Anette, die nette. Und siehe da, das eigentlich wirklich nette Mädchen reagierte nicht mehr mit ihren Ohrfeigen. Anfangs konnte die vierzehnjährige Lady die neue Situation auch noch nicht so richtig in ihr jungfräuliches Leben einordnen, aber dann gefiel ihr der hartnäckige Schulbankdrücker doch schon etwas mehr.

Es blieb dann nicht beim ersten gemeinsam geschleckten Vanilleeis an der Ecke, sondern es folgten sehr schnell die ersten vorsichtigen Berührungen von zwei noch etwas zittrigen und durch ein seltsames Fieber auf knapp 40 Grad erhitzten Hände im stockfinsteren Filmtheater. Der Platz im Kino, auf dem Peter gesessen hatte, sah nach der Vorstellung wie ein mittleres Schlachtfeld aus. Die Hälfte der Tüte teuer erstandenen und heißbegehrten Beruhigungspopcorn lag dank unkontrollierbarer Knabenhand recht gleichmäßig auf dem Fußboden verteilt. Immer wieder hatten die Berührungen der Hände bei weiteren gemeinsamen Kinobesuchen einige unangenehme Schmerzen in der engen Jeanshose von Peter erzeugt und diese hatten dann wiederum seine Knabenhände gestärkt.

Das konnte aber nun wirklich nicht alles sein!

Und es war es auch nicht.

Wie schon seit der Erfindung des Menschen auf diesem Erdenball immer wieder alles seinen geregelten Gang geht und rein biologisch bedingt unvermeidbar seine seltsamen Wege findet, so erging es auch zwangsweise den beiden leicht überhitzten Kinderlein. Oder sollten die zwei nun doch schon aus ihren Kinderschuhgrößen gewachsen sein?

Egal, es passierte halt unvermeidbar.

Die zwei Turteltauben waren an einem Samstagnachmittag mit vier weiteren Gleichgesinnten auf dem Rummelplatz am Riesenrad und Achterbahn fahren und da die liebe Sonne die Beleuchtung der Erde auf Grund der schon leicht herbstlichen Jahreszeit schon sehr zeitig reduzierte, so ging es abends

Straßen beleuchtet auf den gemeinsamen Heimweg. So kam es, dass Peters alleinige Erzeuger gerade an diesem Abend sich auch einmal ins Kino abgesetzt hatten und sich den groß angekündigten Film „Das kleine Arschloch" unbedingt mal unter die erwachsene Lupe nehmen wollten.
So hatte der darüber nicht gerade traurige Knabe eine sogenannte „sturmfreie Bude". Aber ein leichtes Windchen war schon auf dem Weg nach Hause zu spüren.
„Hast du noch etwas Zeit, Anette?" ,die leichte Errötung unter Peters Stirn war in der Dunkelheit Gott sei dank nicht zu entdecken.
„Ja, aber um 20.00 Uhr muss ich dann daheim sein, sonst gibt es Ärger, Peter."
Es war erst gegen 19.20 Uhr und noch reichlich Zeit für die stürmische Bude.
„Kommst du noch mit zu mir nach oben. Ich habe ne tolle Kassette von den Beatles bekommen."
„Na Peter? Ich weiß nicht?" ,zitterte jetzt auch des Weibchens starke Stimme.
Die Spannung der sie umgebenen Luft hatte mittlerweile die Sprengkraft einer 100 Mega-Bombe angenommen und es gab kein zurück mehr.
„Meine Eltern sind im Kino und der Film geht bis gegen 20.00 Uhr."
„Nun gut, Peter. Für eine halbe Stunde, aber dann muss ich wirklich gehen."
Die wieder zu rotglühenden Eisen geschmiedeten Hände hielten sich die ganze Treppe bis in den dritten Stock und das Knabengehirn hatte Schwerstarbeit zu leisten. Immer wieder wurde die Theorie durchgearbeitet. Aber diese gleiche Denkarbeit tat ganz bestimmt in dieser Zeit auch das anders geschlechtliche Gehirnchen.
„Komm rein, Anette. Da vorne ist mein Zimmer."
Die leise Angesprochene kam, und beide verschwanden mit sehr gemischten Gefühlen im besagten Kassettenabhörstudio.
Die besagte Kassette war nach knapp fünf Minuten schweißtreibender Arbeit unter dem Berg gleicher Gegenstände in der Kiste unter dem Bett gefunden und heulte

dann ihr: „she love jou je, je, je" durch die Spannungs-
geladene Junggesellenluft.
Wie das angeborene Saugen der Babys an der Mutterbrust, so
muss auch das Küssen irgendwie angeboren sein, denn wo
sollte man dieses vorher lernen oder üben können.
So saugten sich die heiß glühenden Sprachöffnungsränder
beiden Geschlechts für Minuten wie ein Pumpsauger auf dem
Waschbeckenabfluss fast unlösbar aneinander fest. Die Zeit
um die beiden, in irgend einem siebten bis siebzehnten
Himmel schwebenden, schien, wie es dichterisch schon
millionenfach formuliert wurde, - still zu stehen. Das Saugen
mit den begehrenden Lippen wurde dann noch unzählige
Male mit den unbedingt zum überleben notwendig
eingelegten Sauerstoffnachfüllpausen praktiziert. Mit aller
männlicher Kraft nicht verhinderbar – spannte bald Peter
Jeanshose fast schon Schmerz erzeugend.
„Peter? Liebst du mich?" , hauchte es zwischen zwei
Saugungen.
„Und wie Anette." ,brummelte es in der nächsten
Luftholepause.
Es wurde gleich noch viel heftiger geküsst, so dass man schon
glauben konnte, die Kinder werden durchs Küssen gemacht.
Peters Gehirn hatte sich aber immer wieder zwischendurch
eingeschaltet und es erinnerte ihn ab und zu, was nun weiter
folgen musste. Er kannte alles ja aus dem Fernsehen und von
den allgemeinen Jungengetratsche auf dem Schulhof. Seine
heiße, leicht vom Körperschweiß befeuchtete rechte Hand
wanderte ganz vorsichtig unter Anettes kurzes Röckchen und
blieb wie angeklebt auf ihren linken Oberschenkel liegen.
„Peter!" ,hauchte ein zartes Mädchenstimmchen in die
tausend Volt der Kinderzimmerluft, „hast du einen Gummi
dabei? Ich nehme noch nicht die Pille."
Peter hatte einen. Er fand das gut eingepackte Ding vor zwei
Jahren bei seinem Opa auf dem Küchenschrank und hatte es
zwischen seinen Büchern bis dahin gut versteckt.
„Ja Anette. Warte mal, ich hole das Ding nur schnell."
Anette wartete und dann fummelten Peters nervöse Hände an
den Knöpfen ihrer Bluse herum.

„Lass mal Peter, ich mach das alleine."
Sie machte es tatsächlich besser und Peter arbeitete nebenher an seiner engen Beinbekleidung. Kurze Zeit darauf hatten vier nervöse Hände einen mittleren Berg verschiedener Bekleidung auf den Fußboden befördert. Nur noch etwas Unterwäsche, teils glatt und teils unten oder oben ausgebeult schützte die beiden vor ihrem ersten Verhängnis. Eng umschlungen lagen die beiden Ersttäter dann auf Peters breiter Liege und waren gleich wieder am Saugen. Gerade wollte Peter während oben heftig geküsst wurde unten sein immer noch grauenvoll spannendes letztes Höschen abstreifen, als zwei ihm gut bekannte Stimmen aus dem Wohnungsflur zu seinen gerade noch etwas empfangenden Hörgeräten drangen.
„Oh Scheiße, meine Eltern!"
Peter hatte bisher nur Achtung und Liebe für seine Eltern empfunden, jetzt war ein neues Gefühl dazu gekommen. In Lichtgeschwindigkeit waren die zwei total überhitzten Menschlein in die herum liegenden Bekleidungstücke geschlüpft und nach mal knapp einer tausendstel Sekunde saßen beide mit noch hochroten Köpfen am Tisch über ihre Peters Schulbücher.
„Oh Peter. Du hast Besuch? Hallo Anette." ,die Mutter war die erste Späherin vor Ort.
„Ja Mama. Wir pauken noch Englisch. Wir schreiben doch morgen eine Klassenarbeit." ,jabste Peterchen immer noch ein wenig, aber die vom Kinobesuch noch etwas betörte Mutter bekam wahrscheinlich nichts davon mit.
„Wann musst du denn nach Hause, Anette?"
„Oh, wie spät ist es denn, Frau Sauberstein?"
„Es ist kurz nach 20.30 Uhr, mein Mädchen."
„Peter, dann muss ich aber gehen. Da bin ich schon spät dran."
Ein flüchtiges „Tschüß" an der Tür, ein leichter Händedruck und Peters erstes Abenteuer mit der Weiblichkeit war gelaufen.
Anette bekam dann drei Wochen Hausarrest, aber es ergab sich zwei Wochen später eine weitere Möglichkeit, das

seitdem in Peters Hosentasche befindliche Gummi endlich zu verwenden und die kleine Anette endlich zur Frau zu verhelfen.

Es folgten dann noch eine Monika, eine Petra, eine Isolde und die eine oder andere nicht mehr so bekannte Begebenheit. Nun war der einstige Anfänger dank intensivsten Trainings herangereift und relativ perfekt in seiner angestandenen Männerrolle.

Sechzehn Jahre hatte Peter üben können und nun hatte er schon wieder so weiche Knie und feuchte Hände wie damals bei der Anette.

Die Kirchenglocken riefen laut durch die kleine Stadt nach ihm und seiner ersten festeren Verknüpfung.

Elfriedchen hatte den strammen Kerl dann fest im Griff und das in jeder Lebenslag, und wenn die beiden noch nicht gestorben sind, dann treiben sie es bestimmt noch eine ganze Weile.

Ein paar unsinnige Versuche und Entgleisungen

Der Baum

Verwurzelt steht er in der Erde,
auf dass er noch was größer werde.
Im Winter friert`s ihn bitterkalt.
Im Sommer es auf seine Birne knallt.

Er hat kein Dach und keine Tür
und kann doch selbst gar nichts dafür.
Die Hunde pinkeln ständig ihm ans Bein
Gern träte er die Hundeärsche kräftig ein.

Vorwitz`ge Buben klettern hoch in seinen Gipfel.
Wie gerne zöge er einmal an ihre kleinen Zipfel.
und nachts dann unter Stöhnen und auch Schrein,
schnitzt man ihm Herzen in die dicke Rinde ein.

Der Specht, der klopft dann auch so manches Loch
und Borkenkäfer gibt es wirklich noch und noch.
Der Lungenkrebs macht ihm ganz schön zu schaffen,
kann das kein Autokutscher endlich raffen.

Und dann will man ihn auch noch schützen,
durch Umweltschützer und so grüne Mützen.
Wenn er `nen Mund hätt, würde er laut schreien:
„Lasst mich doch endlich eine schöne Schrankwand sein!"

Der Mai ist gekommen

Das Bächlein fließt nun wieder frei,
es atmet auf, es ist vorbei.
Das Eis auf seiner Schädeldecken,
das kann nun keinen mehr erschrecken.

Das Maiglöckchen lässt seine Glocken hell erklingen.
Sogar die Flöhe können endlich wieder höher springen.
Ein grüner Pinsel, der wird nun übers Land geschwungen.
Der kalte Winter, der ist endlich auch bezwungen.

Es drängt nach außen in des Baumes Zweigen
und auch die Weibchen tun jetzt viel mehr zeigen.
Die Fröschlein küssen sich am kleinen Weiher
Und auch die Hühner legen wieder dickre Eier.

Die liebe Frühlingssonne öffnet alle Herzen,
sogar der Morgenmuffel kann jetzt manchmal scherzen.
Und einer hofft, dass sie die Pille hat genommen,
denn mit Gestöhn ist endlich auch der Peter Mai gekommen.

Die Ohnmacht der Macht

Geschaffen aus des Adams Rippen.
Mit schönem Busen, vollen Lippen.
Dereinst im schönen Paradiese,
lag sie schon bald auf einer Wiese.

Noch war dem Weibchen nicht ganz klar,
wozu es eigentlich geschaffen war.
Doch bald schon hat sie es gesehen.
Des Adams Feigenblatt – es konnte stehen.

So nahm die Weltgeschichte ihren Lauf
Und keiner hielt das Drama auf.
Das Weibchen kam und sah und siegte,
als es ganz ungewollt die Hüften wiegte.

Der arme Adam war schon bald verschwunden,
in Ev´chens Körper und das für Stunden.
Verschwunden war auch seit dieser Zeit,
vom Erdenball die stolze Männlichkeit.

Es füllte sich das dicke Buch der Weltgeschichte
mit Huldigung der Frauen und erotische Gedichte.
Wo war der Mann, der starke, stolze und gescheite?
Er füllt gerade mal die allererste halbe Seite.

Der Alte dort im Himmel ist doch schließlich auch ein Mann,
den ich beim besten Willen nicht so ganz verstehen kann.
Der hockt da oben irgendwo auf Wolke sieben
Und lässt die Männer sich noch mal zu Tode lieben.

Wie viele Männer haben schon auf ihren Knien gelegen?
Vor ihren Frauen und um Bitte für des Alten Segen.
Wie viele haben sich fast um den Verstand gebracht,
für etwas kribbeln, eine Stunde, eine „wunderschöne" Nacht?

Die Männlichkeit, so klug und technisch überlegen.
Erfand das Auto, Babyschnuller und sogar den Degen.
Der Zahnersatz, die Pille und die Babys aus Retorten
Ist alles doch nur Dank der Männlichkeit geworden.

Statt sich auf ihre klugen Köpfe zu besinnen,
muss man jetzt sagen, „Mensch, die Männer spinnen."
Statt sich im Geist und Muskelfleisch zu aalen,
schafft sich der Mann nur immer wieder neue Qualen.

Da baut er Strapse, kocht sich tolle Pillen
Und ist den Weibchen auch als Dattergreis zu Willen.
Es gibt sogar schon ein paar Supertolle,
die schlüpfen selbst in eine Weiberrolle.

Was soll bloß aus uns allen „starken" Männern werden?
Warum bloß immer für die „lieben" Weibchen sterben?
Warum können wir nicht einfach Männer sein,
als millionenfach nur kleine „Männerlein"?

Herr im Himmel hab mit uns Erbarmen!
Nimm uns die Teufelinnen aus den schwachen Armen!
Schneide ab mit göttlich Licht und Scheinen,
den Übeltäter zwischen uns`ren stark behaarten Beinen!

Ein Männlein ....

Ein Männlein hängt im Walde, ganz still und stumm.
Mit einer Wäscheleine um seinem Hals herum.
Sag, wer mag das Männlein sein,
dass da hängt im Wald allein?
Das fragt sich auch Inspektor Winkelstein.

Das Männlein, was da baumelt, hat nur ein Bein
und in seinem Bauche ist es voll Wein.
Sag, wer mag das Männlein sein,
dass da hängt im Wald allein?
Das kann doch bloß ein armer Rentner sein.

Das Männlein wird begraben, ganz still und stumm,
denn für so`n armen Rentner bringt sich keiner um.
Sag, wer mag das Männlein sein,
wo man spart die Rente ein.
Das interessiert doch überhaupt kein Schwein.

Sah ein Knabe ein Röslein?....

Hat ein Knab was im Höslein stehn
und er muss arg leiden.
Es spannt so sehr, er kann kaum gehen
und kein anderer soll es sehn,
sich am Anblick weiden.
Höslein, Höslein gehe doch auf,
befrei ihn von dem Leiden.

Knabe nahm ihn dann in die Hand
und tat heftig reiben.
Spritzte schnell es an die Wand,
wo es auch sein Ende fand.
Keiner sah das Treiben.
Höslein, Höslein gehe jetzt zu.
Knabe hat nun endlich ruh.

Alle meine Entchen?...

Tausend nackte Weibchen schwimmen auf dem See,
schwimmen auf dem See
und ich steh am Ufer, Schwänzchen in die Höh.

Überflüssiges

Balduin, der Schlaue
Nahm sich ne Sau zur Fraue.
Denn keine Frau stattdessen,
hätt ihm die Sau-ferei vergessen.

Es kam eine Biene
Unter eine Lawine.
Sie dacht im Vertrauen –
es wird schon tauen.

Herr Meier ist ein netter Mann.
So nett, wie man nur seien kann.
Er ist das schon seit Jahren,
vom Kopf bis zu den Haaren.

Die Ilse liebt den tollen Spaß.
Die Monika den Walter.
Die Ute lag mit Horst im Gras,
doch plötzlich kam ihr Alter.

Es sitzt ein Käfer auf nen Blatt
und hält den Mittagsschmaus.
Und kommt ne scharfe Biene an
Da reißt der Kerl nicht aus.

Ein Hund, der eine Hündin sieht,
bekommt sofort Gefühle.
Mein Mann ist auch ein scharfer Hund,
warum lass ich ihn kühl?

Die Liebe, die ist schön und Fluch,
das konnte Ulla spüren.
Sie konnte ihren Hausbesuch
nur viel zu kurz verführen.

Ein Käfer und ne Käferin,
die waren grad beschäftigt.
Als eine schöne Schäferin
des Käfers sich bemächtigt.

Die Maus, die sprach zu ihrem Mann,
„Mann, lass doch bloß das mausen.
Wirf deine Mauser in den Teich,
sonst lasse ich dich sausen."

Die Fliege saß im Buttertopf
und dacht hier lässt sich`s leben.
Doch mit der Butter auf dem Kopf
konnt sie nicht mehr entschweben.

Die Blume in den Himmel wächst
und manchmal was bei Paul.
Er könnte was dagegen tun,
wär er bloß nicht so faul.

Im Füller, da ist Tinte drin.
Im Bleistift ist ne Mine.
Was ist denn bloß in meinem Kopf?
Ich glaube nur Routine.

Der Spiegel sagt`s dir oft genug,
„Du bist die schönste Frau."
Doch hast du ihm noch nie geglaubt,
dazu bist du zu schlau.

Das Nashorn sprach zu einem Floh:
„Warum bist du so klein?"
„Na wär ich größer" ,sprach der Floh,
„dann drückte ich dich ein."

Ein ganz kleines Nachwörtchen

Wie meine wenigen treuen Leser schon bemerkt haben müssen, bin ich leider immer noch lebend auf dieser Erde anwesend. Somit wird auch keinem etwas schrecklicheres wie mich erspart, es sei denn man lässt dieses Machwerk wo es ist; im Buchladen oder in den Archiven der Datenbänke. Falls Sie diese seltsamen Wort- und Satzgebilde von mir doch irgendwie in Ihre Hände bekommen haben, so versuchen Sie mich gar nicht erst zu begreifen. Das kann nämlich noch nicht einmal ich selbst!

Grosse Leere im Gehirn!

???????????!!!!!!!!!!!???????????